U0518349

丛书编委会

总 策 划：来新国　王文成

编委会主任：郭齐勇　周晓亮

编　　　委：来新国　陈知涯　张　彧　尹格韬　沈　众

　　　　　　　王文成　孟淑贤　周长志　罗养毅　秦　丹

　　　　　　　乌　琛

大家精要
典藏版丛书

简读

方东美

秦 平 著

陕西师范大学出版总社　西安

图书代号　　SK24N1838

图书在版编目(CIP)数据

简读方东美 / 秦平著 . — 西安：陕西师范大学出版总社
有限公司，2025.3
（大家精要：典藏版 / 郭齐勇，周晓亮主编）
ISBN 978-7-5695-4149-6

Ⅰ.①简…　Ⅱ.①秦…　Ⅲ.①方东美（1899-1977）—
人物研究　Ⅳ.① K825.1

中国国家版本馆 CIP 数据核字（2024）第 027803 号

简读方东美

JIAN DU FANG DONGMEI

秦　平　著

出　版　人　刘东风
策划编辑　刘　定　陈柳冬雪
责任编辑　高　歌
责任校对　宋媛媛
封面设计　龚心宇　张潇伊
出版发行　陕西师范大学出版总社
　　　　　（西安市长安南路 199 号　邮编 710062）
网　　　址　http://www.snupg.com
印　　　刷　深圳市福圣印刷有限公司
开　　　本　889 mm×1194 mm　1/32
印　　　张　6.625
插　　　页　4
字　　　数　120 千
版　　　次　2025 年 3 月第 1 版
印　　　次　2025 年 3 月第 1 次印刷
书　　　号　ISBN 978-7-5695-4149-6
定　　　价　49.00 元

目 录

引　言

在中国现代哲学史上，有这样一位十分矛盾的思想家：

他出生于中国最传统的文化世家，却能说一口让欧美学者都叹为观止的流利英文；

他最厌恶美国，却偏偏被保送到美国留学，而且一生的研究和访学也都与美国有不解之缘；

他穷困了一辈子，一套西装补了又补，却经常为了买书而花掉口袋里的最后一元钱；

他一直努力对政治抱敬而远之的态度，却被蒋介石视为老师，与毛泽东也多有交往；

他的学生中，既有研究亚里士多德的世界一流专家，又有纯正的现代新儒学旗手；

他在家学渊源上是个儒家，在资性气质上是个道家，在宗教兴趣上是个佛家，在治学训练上又是个西方哲学家；

他受过最严格的西方逻辑训练，却又能将课堂变作灵性的天空，以诗情画意带领学生一起天马行空；

他被很多学者看作是现代新儒家的重要代表人物，却又发表演讲公开批评《论语》；

…………

他，就是被东西方学界誉为20世纪中国"伟大的哲人"的诗哲方东美！

第1章

桐城，姓方的！

20世纪60年代，台湾大学的校园里曾发生过这样的一幕：一天，一名学生为了某个问题去请教哲学系的方东美教授，方教授作了解答。不料，中文系的一位教授对同样的问题却给出了截然不同的答案。无奈之下，学生只好跑去找方教授，请他再次确认自己的答案。方东美得知事情的缘由后，毫不犹豫地答复道："请转告他：这是你老师讲的！他若问你，你的老师姓谁？——姓方；哪里人？——安徽桐城。那就够了！"

由这桩逸闻趣事，不难看出方东美对自己学问的自负。的确，方东美是一位骄傲的哲学家，他的骄傲最早源自他的"方"姓和"桐城人"的身份，源自对桐城文化和方族家世家学的自豪。

桐 城 方 家

"文都"桐城

　　方东美的家乡桐城位于徽皖大地西南，是一座"雄奇峻秀，甲于江左"的古城。桐城最值得称道的，是它"文都"的美誉。俗话说"文无第一，武无第二"，自古文人相轻，彼此互不买账的现象俯拾皆是。而桐城却能折服各地的骄傲文人，独享"文化之都"的称誉，愈发显得难能可贵。

　　桐城的"文都"之名，与绵延清代二百余载、执文化之牛耳的"桐城文派"关系颇为密切。桐城文派之得名，源于这一派的主要代表人物方苞、刘大櫆、姚鼐等均为安徽桐城人。桐城派继承"文以载道""阐道翼教"的古文运动精神，以程朱理学为思想主导，在语言风格上主张"清真雅正"，不喜欢罗列材料、堆砌辞藻和诗词骈句，只求简明达意、平易清新，先后产生作家一千二百余人，创作传世作品两千余种，成为中国文学史上迄今为止时间最长、作家最多、影响最大的散文流派，以至于时人有"天下文章，其出于桐城乎"的感叹。

此外，桐城的书香门第、耕读世家比比皆是，硕学通儒，接踵而出。明季以来三百年间，高中进士者竟达二百四十人之多，更有"三年两状元"的科场传奇。

方东美就出生在这样的文化之都。

方氏家族

方氏家族是桐城声名赫赫的文化世家。海峡两岸的两位著名现代学者——梁实秋先生和钱理群先生——均异口同声，称赞桐城方氏为"仅次于曲阜孔氏"的"中国第二大文化名门"。

桐城的方氏大族共有三支：桂林方、鲁硔方、会宫方。方东美是桂林方氏的后人。桂林方也称为"大方族"，之所以称它为"大"，不仅仅指它迁移到桐城最早、家族规模最大，更重要的是桂林方的显赫名望是其他两支难以望其项背的。桂林方名称的来源与广西的桂林毫无关系。之所以称桐城"大方族"为"桂林方"，是取"折桂登科如林"之意。宋朝末年著名的状元宰相文天祥曾为《方氏族谱》作序，称："方氏之显于周、汉，以达我朝，声光显赫，流泽及后者，何其盛哉！"

"桂林方"一族是中国古代典型的耕读世家，方氏家族的显赫声名与科举考试的成功密不可分。也正因为如此，方氏家族的历代子孙均谨记"以儒为业"的家规，以"吾家素业儒"为傲，认为其他行业"术不逮儒远矣"。

联系到"桐城"和"方"姓，很容易让人想到中国文化史上两个响当当的名字——方以智、方苞。算起来，方东美还真和他们有着颇深的渊源——二人俱为他同宗不同房的祖辈。

明清之际的奇才方以智是方东美的第十四世族祖。方以智知识渊博、智力超群，是当时屈指可数的大学者之一，学识囊括古今中外，集天文、地理、历史、物理、数学、药理、哲学、文学、书画、音韵、医学于一身，是位百科全书式的大学问家。更难能可贵的是他有一颗琴心剑胆，气宇豪迈，曾因抗清被捕，清军将领胁迫他投降，说："官服在左，刀剑在右，你自己选择吧!"方以智从容不迫地拿起刀剑，看也不看官服，视死如归。

桐城文派的旗手之一方苞是方东美的第十六世族祖。方苞才情卓著，早在青年时代，就有"以八家之文，载程、朱之道"的志向; 32 岁参加江南乡试，高中第一，被称为"江南第一"。后来，方苞遭遇"文字狱"，受戴名世《南山集》一案的牵连，被打入刑部大狱，拟定为"斩立决"。面对这一绝境，方苞以孔子"朝闻道，夕死可矣"的精神自勉，坦然自若，读书著说不辍。幸亏得到大臣李光地全力开脱，才逃过一劫。

方氏家族的其他祖先名气虽然不如此二人之大，但也都以好学、兴教、尚节、忠诚、勇敢、践行等传统美德作为家训，颇有善名。例如桂林方的初世始祖方德益乐善好施，捐出自家的土地修建文庙；第七世族祖方佑在明朝天顺年间担任监察御史，性格刚毅正直，曾经直言斥责弄权的宦官而遭廷杖，素有"真御史"的美称；第十一世族祖方学渐是王阳明的四传弟子，学问折中朱、王，气象宏博，曾经以布衣身份创立桐川会馆，并主持讲坛二十余年，开创了民间讲习研讨的风气。

幼 年 时 光

出　生

光绪二十五年（1899）二月初九，方东美出生于安徽桐城枞阳县义津镇双兴村大李庄，其父方鉴周，其母杨太君。方东美原名"珣"，又名"德怀"，"东美"是他的号；他还曾经用过"方东英"的笔名。

按照方氏族谱计算，方东美是桂林方一族的第二十三代，属中三房。中三房是桂林方中比较寒微的一脉，到方东美出生时，已颇显衰退迹象。中三房自第十一世祖先以来，已经连续十二代折戟科场，甚至连秀才都未能考取一个，这在"折桂如林"的方氏家族中愈发显得尴尬。幸好，方东美诞生了。

方东美幼年颇为坎坷，不到2岁父母就先后去世。父母曾为小方东美订了一门亲事，女方是方东美的一个远房表妹。就是这门亲上加亲的娃娃亲，给方东美留下了太多的麻烦，并迫使他刚刚25岁就离开桐城家乡，再也没有回去。

父母去世后，年幼的方东美一直仰赖两位兄长的抚养而长大。其中，大哥方道怀在家务农，二哥方义怀毕生从事教育工作，曾经担任过桐城中学校长和桐城教育局局长。

尽管父母早亡，但是年幼的方东美受到的方氏家学熏陶仍不少。根据他晚年的回忆，他是在"儒家的家庭气氛中长大"，从3岁时就开始读《诗经》，并陆陆续续读完"四书""五经"。家学的熏陶和儒家经典的积累，为他日后成为国学大师奠定了坚实的基础。

童年方东美便已表现出不凡的见识。儒家经典并不能让他完全满足，尤其是桐城文派尊崇程朱理学，长于叙事言情，而短于谈玄说理，这让他颇感到遗憾。很快，他发现读《庄子》正好可以弥补这一遗憾，所以，童年的方东美在诵读儒家经典之外，"酷嗜庄子书"。方东美哲学儒道并重的博大气象早在儿时即已埋下种子。

读书之余，方东美最喜欢的事情，就是听兄长们谈古论今。他还清楚地记得每逢除夕之夜，他总会安静地坐在火炉旁，聆听见多识广的二哥方义怀说古道今，以至于"达旦不寐"。三十年后，方东美躲避日军战火寓居四川时，曾在除夕夜忆及此情此景，作《蜀中守岁怀意瑰兄》：

雾重霜寒不冻愁，庄生蝶化梦君稠。

惊疑抱影灯前坐，听说人间百万忧。

幼年时期的方东美最崇拜的就是二哥方义怀了。但是，命运总是喜欢捉弄人，成年后的方东美却因为一件事情伤透了二哥的心，这是后话了。

小学和中学

方东美上小学时正值 20 世纪初期，这是中国教育发生翻天覆地变化的时期。光绪三十一年（1905），清王朝的重臣袁世凯、张之洞奏请朝廷废除科举，推广西方的新式教育。清王朝下诏称自光绪三十二（1906）年开始，所有乡会试一律停止，各省岁科考试同时停止，并要求各省府州县在城乡各处开设蒙小学堂。

不过，当时很多地方仍然有不少旧式学堂，尤其是传统文化大本营之一的桐城，更是旧学堂与新学校并存，这也反映了当时人们的复杂心态。方东美的二哥方义怀有着教育者的远见，主张方东美进入新式学校读书。所以，发蒙后的方东美一方面继续接受着传统的方氏家学熏陶，另一方面进入新式小学接受现代教育的洗礼。

方东美正在读小学时，中华大地发生了一件天大的事情——辛亥革命胜利，清王朝覆灭。也许，未满13岁的方东美还不能完全明白这一事件的意义。但是，他的人生却注定要在这样一个波澜壮阔的时代中展开了。

1913年，方东美升入桐城中学读书。桐城中学是由晚清古文学大家吴汝纶所创办的一所新式学堂。吴汝纶可是桐城一位响当当的大人物：他出生在书香世家，他的父亲吴元甲曾经被曾国藩礼聘为家庭教师，而他本人则师从曾国藩，兼具家学与师学，成为曾国藩的四大门人之一。吴汝纶先后充任曾国藩和李鸿章的幕僚，为官多年。在目睹了官场的腐败黑暗后，他意识到"其治以教育为先"，一心想脱离政界，讲时务，办新学。1902年，吴汝纶担任京师大学堂（北京大学前身）总教习；同年，他以花甲之年东渡日本考察教育，欲借他山之石以攻玉。到达日本后，他深入数十处学堂，系统考察了日本教育方方面面的情况，编成《东游丛录》一书。这是中国最早的一部介绍日本现代教育的专著。吴汝纶回国途经安徽省城安庆，创办桐城学堂，亲自担任堂长，学规学制均效仿东邻日本，以讲授当时的新知识为主。惜天不假年，次年吴汝纶病逝家中。

方东美进入中学时，吴汝纶已辞世近十载，桐城学堂也已易名为桐城县立中学。但吴先生所倡导的学术精神，正像他亲笔题写于学堂匾额上的"勉成国器"四个大字和"后十百年人才奋兴，胚胎于此；合东西国学问精粹，陶冶而成"的楹联一样，仍然深深地影响着桐城学子，影响着少年方东美。

和方东美一同进入桐城县立中学学习的，还有后来成为中国著名美学家的朱光潜。方东美和朱光潜可算是有缘人，两人除了有同乡同学之情，还有在武昌高等师范学校（**武汉大学前身**）同事之谊，更有诗词酬唱的心灵之契。

方东美读中学时的各科成绩都很优秀，尤其是国文课。他的作文经常被评为全年级第一，甚至在整个桐城中学都享有盛名，作为范文宣读。

不过，少年方东美也不是无忧无虑的。中学时期所做的一个梦，对敏感的他产生了深刻的影响：一天夜里，方东美梦见了自己的姐姐。不过，与平日不同，梦境中的姐姐在路旁的草地上飞掠而过；当方东美欲仔细分辨时，具体情形又缥缈不清。第二天早上醒来，方东美觉得心绪不宁，于是请假要回家一趟。结果，在归家的途中，他遇上了姐姐的灵枢——姐姐正是在昨天夜里离开人世的。直至晚年，方东美说到此事，还屡屡说道"梦不虚"，感叹"世上不能思议的事多矣"。这一灵异的梦境也启迪少年方东美开始严肃地思考"生命精神"这一终生关注的问题。

第 2 章

风云金陵大学

1917 年夏，18 岁的方东美结束了四年的中学学习，以优异的成绩考入南京金陵大学。进入金陵大学是方东美踏上学术之路的重要一步。在四年的大学生活中，方东美初窥哲学的堂奥，展示了独特的个性和才华，成为金陵大学的风云人物。

进入金陵大学

"江东之雄"：金陵大学

金陵大学是一所由美国基督教会美以美会在中国创办的

教会大学。教会大学是中国近现代史上一个独特的文化现象。当时，美国基督教会派了很多传教士到中国传教，但效果一直不太好。后来，教会决定将单纯的传教活动改为一面传教布道，一面创办学校。于是，在中国兴办教育成为基督教会扩大影响、培养新式人才的潮流和主要方式。

自1901年第一所教会大学——东吴大学创办起，到20世纪20年代，美国基督教会先后在中国设立了十三所教会大学。在当时的历史条件下，教会大学在中国教育现代化进程中发挥着十分重要的示范和导向作用。由于此时的中国仅有北京大学、山西大学、北洋大学三所国立大学，所以在华教会大学尽管只有十三所，但在数量上仍占有压倒优势；又因为教会大学在教育体制、机构、计划、课程、方法、规章制度等各个方面均直接引进较为成熟的西方近代教育模式，所以起点一般都比较高，在教育质量上也具有明显的优势。可以说，在华教会大学是中国近现代教育发展史上不可缺少的重要一环，对当时的中国教育界乃至整个中国社会都产生了深刻的影响。

有着"江东之雄"美誉的金陵大学由南京汇文书院、基督书院与益智书院等三所教会学校于1910年合并而成，是所有在华教会大学中的佼佼者。根据美国加利福尼亚大学所做的评鉴，美国通常把中国的教会大学分为ABC三类，其中 A 类为最好的，仅有一所，正是金陵大学。持有 A 类大学学位的毕业生有资格直接进入美国大学的研究生院继续深造。此外，由于金陵大学同时在美国纽约州教育局立案，所以，金大的毕业生可同时接受纽约大学的文凭与学位，并可享受与欧美大学同等的待遇，直接升入纽约大学或任何美国大学的研究院而不受限制。

金陵大学的突出地位源自其优质的教学资源和别具特色的学习风气。当时，金大的很多教材、图书杂志、教学仪器以至生活设施都来自美国，校长、教务长、各系主任、教授也均以外国人为主，中国教师也多半有留学欧美名校的经历。作为一所高水平的教会大学，金陵大学非常强调英语的学习。通常，进入金大的一年级新生会被安排到预科部学习，主要任务之一就是要过语言关。因为金陵大学的所有课程中，除了不得不用中文教学的国文、中国经史等少数课程外，其他课程一律使用英文教材，采用英文教学，甚至连助教指导实验以及运动场上运动员的口语、学生助威的啦啦队，也无一例外必须使用英语。因此，一年级的预科新生需要通过英文的听力、读力、作文、语法、词汇等五道关的考试，才算是真正获得留在金陵大学学习的资格。

据当时人们的回忆，每逢教会大学举行校际英语演讲比赛或辩论比赛时，风头最劲、夺得桂冠最多的往往是金大的学生。不同于其他学校师生西装革履的打扮，金大的选手一律长袍马褂，而这恰好与他们满口流利的英语形成鲜明的反差，给人以强烈的震撼。甚至一度金大理学院学生的英语水平也胜过了其他大学英语系学生。

除了以卓越的英语能力著称外，金陵大学还遵照"诚、真、勤、仁"四字校训，从学习和品德等各方面严格培养学生。这也让金陵大学的毕业生赢得了"钟山之英"的美称。20世纪30年代初，全国各地开始大规模兴办大学，导致高校师资严重不足，而金大的毕业生就成为各大院校竞相征聘的对象。

挑战老师

根据金陵大学的规定，方东美先进入预科第一部学习一年英语。1918年，他顺利通过英语考试，正式升入金陵大学文科哲学系本科继续学习。

由于自小熟读经典，家学渊源深厚，国学素养出众，所以方东美进入哲学系后，很快就崭露头角，并赢得了中国文学课老师、国文系主任刘伯明教授和另外一位徐姓教授的赏识。

刘伯明教授和徐教授对于方东美及另一位同学黄仲苏的学识素养极为推崇。两位教授都是金大的老校友，爱校情深，后来虽然被迫离去，却唯恐中国文化在这家洋学堂里被那些洋人和洋奴糟蹋得不伦不类，两位也书生意气得很，居然跑去见校长鲍文博士，郑重建议："今后若是金大想聘请教中文的教员，一定要先经过两个人同意：一个是方东美，一个是黄仲苏！"这位鲍文校长倒也相当可爱，而且为人开明，知道自己对于中国文化是外行，居然接受了两位教授的建议。须知方东美、黄仲苏二人此时年仅十八九岁，不过是金陵大学的学生，居然兼任起教授审查委员。晚年的方东美说起这件事来，还会忍不住感叹道："真是荒唐之至的一件事！"其实，这"荒唐"才是最可贵的。

不过尽管鲍文校长已经答应刘、徐两位教授荒唐却又合理的建议，但是金大的训导长，一位留学英国获得博士的王教授根本没把刘、徐两位先生的话当真。他没经过这两位少年"审查委员"的同意，就推荐了一位友人到金大当国文教授。

新来的教授学问做得不是很好，却为方东美他们开了一门《诗经》课。仗着教授的名头，换作其他学生，可能也就被这位老师糊弄过去了。可是，这位教授要面对的是从3岁起就把《诗经》读得滚瓜烂熟、说得头头是道的方东美。而且和方东美同班的黄仲苏等其他几位顽皮少年也都是家学颇深厚的高才生。这下子，国文教授颇有点关公门前耍大刀的味道了。所以，在《诗经》课的课堂上，伴随着国文教授干巴巴的讲课声，教室里不时会传出声音："错了！""又错了！"教授开始时不加理会，仍然照讲不误。但是，下面反对的声音越来越大、越来越频繁。教授终于忍不住了，感觉到自己的师道尊严遭到了严重的挑战，停下来，怒问道："谁说我讲错了？那你来讲！"这时，带头捣乱的方东美和黄仲苏相互做鬼脸，顽皮地答道："我们没有义务替老师代讲。因为我们没有接聘书，也没有受薪水。"教授可不答应了，坚持要学生讲，否则就要加以惩罚。于是，最有资格的方东美当仁不让地站了起来，走上讲台，将教授讲解错误的段落顺序指出，然后一一给予订正，全班同学听得津津有味，而国文教授则面如土色。结果，国文教授的课再也开不下去了，同学们纷纷退选了《诗经》课。

退选了《诗经》课之后，应该改选什么课呢？同学们决定乘胜追击，矛头直指始作俑者训导长王教授，一起杀向王教授开设的宗教哲学课堂。王教授起初见到自己的课堂来了这么多学生，心中不免有些得意，上课时更加卖力；但即便如此，他的课仍然上得四平八稳，乏善可陈。不久，王教授意识到这群学生来者不善。方东美他们毫不给堂堂训导长、留英博士留一点情面，于是乎重施故技，课堂上"错了""又错了"的声音，一时此起彼伏。王教授气得头上冒烟，喝令道："谁认为讲错了的，到台上来讲!"这下反倒让学生们处于被动，因为宗教哲学课堂毕竟不同于《诗经》课——同学们多半有些家学、私塾的学习背景，对《诗经》一般都能说出个一二三四；但对宗教哲学却未曾接触，即便感觉到王教授的课讲得不过瘾，却说不出什么缘由。同学们只好以"没有粉笔"为由推脱。王教授看到学生们已经开始示弱了，为了维护自己的权威，决定给这帮不知天高地厚的小子一点颜色看看。于是拿出粉笔，非让学生推出代表上台来。大家把方东美供了出来，一致推他上台做代表。

此时的方东美对宗教哲学也是门外汉，但被情势逼得赶鸭子上架，只好走上讲台，接过粉笔。眼看就要出丑了，但方东美素有急智，关键时刻想起一招来，那就是"避实就虚"。方东美说道："老师讲的是西洋学问、宗教哲学，学问内容是大家过去毫无基础的，但所用的课本是英文。根据英文的正确了解，老师方才对内容的解释，实在颇有值得商榷之处!"说罢，便拿起粉笔，把王教授讲课中的某段某句的内容用图解法画在黑板上，然后从英文语法的角度，就句子的结构、文义的主从关系等，对全段的意义作了一番修订和发挥，一举扭转颓势，赢得满堂喝彩。甚至留学英国的王教授也不得不对方东美的英文造诣刮目相看。

不过，方东美心里也很清楚，自己其实是靠机智才过了关的。于是，他痛下苦功钻研宗教哲学。半个世纪后的1969年，方东美出席夏威夷大学第五届东西方哲学家会议，在会上宣读论文《从宗教、哲学与哲学人性论看"人的疏离"》。美国著名哲学教育家、长期担任美国哲学会秘书长的南伊利诺伊大学哲学研究所主任韩路易博士在阅读此文后说道："我们并不惊讶方教授对西方哲学的造诣，那是很显然的；使我们惊讶的，是他对我们西方宗教的了解也这么深刻！"

命运跟方东美开了个玩笑，让他从王教授的手中接过粉笔，赢了这场课堂挑战，却从此放不下粉笔，吃了整整五十多年的粉笔灰。

不过，方东美和同学们捉弄老师、挑战课堂，固然有些不通世故、年少轻狂，却也不是一味地无理取闹、刻薄刁钻。就拿他捉弄王教授来说，也只是对事不对人。事后，王教授找方东美谈心，说自己的天分并不高，在教会修道院里接受严格训练时，就常常因为背书背不下来被打手心，自己全靠苦读才得到博士学位。方东美听罢，反倒觉得王教授坦诚可爱，对当初的刁难之举有些后悔了。两人不打不相识，从此成为忘年交。

或许正是因为方东美自己在读书的时候就是一个"精灵古怪""调皮捣蛋"的家伙，所以在以后五十多年的教师生涯里，他对"调皮捣蛋"的学生情有独钟，认为越是调皮的学生，才越是"孺子可教"。

开除风波

险遭开除

青年方东美的活泼调皮为刻板沉闷的金陵大学带去了一丝清新的气息，但也因此触犯了校方的某些神经，甚至闹出了一场"开除风波"，方东美本人则险些被逐出金大。

金陵大学是一所教会大学，从根本上要为宣扬基督教的教义和精神服务。校方明确规定：金陵大学的办学宗旨是培养学生的"基督化人格"，具体说就是培养"基督牺牲与服务精神"，以"造就健全国民，发展博爱精神，养成职业知能的根本"。这就决定了金陵大学的宗教气息十分浓厚，宗教仪式十分严格。宗教课为必修课，金陵大学所有学生都必须修宗教课。每逢星期天，师生都要去礼堂祈祷。一到这时，训导处会派人在礼堂里巡视，查看学生们是否"虔诚"。稍有不慎，轻则警告，重则开除。很多学生都厌恶这种枯燥乏味的仪式，方东美也不例外，又不敢违规不去。不过，这也难不住机灵的方东美。他决定采取"偷梁换柱"的招数，将面目可憎的宗教礼拜时间变成"古典小说鉴赏"的课堂。多年以后，年逾花甲的方东美回想起这段往事，还会禁不住得意地说："我的《红楼梦》《三国演义》《水浒传》……都是在教堂里面做礼拜的时候偷偷读完的哩！"

可方东美这样做给自己带来了苦果。一次，方东美在礼拜时，看小说看得太入迷了，被训导老师当场抓获。这还得了！在训导老师看来，在如此神圣、庄重的场合，居然偷偷看小说，这不是对神的亵渎吗！再仔细一查，马上发现这个方东美早已"劣迹斑斑"：他平日年少气盛，恃才傲物；上课时经常大抒己见，挑战老师，不知让多少教授、博士下不了台；还喜欢和一帮同学批评校政，各个都显得"不老实"。总之，这家伙简直就是一个"刺头"，一匹"害群之马"。偏偏他的学业成绩又卓越出众，好得无懈可击，让人抓不到他的痛脚。现在好了，他居然在礼拜时偷偷看小说，这既是对上帝极大的不恭敬，同时也是对校规的蔑视和践踏。校方正好可以借此机会赶走这个让人头疼的学生；同时敲山震虎，警告那批不知天高地厚的学生。于是，有牧师向全校教授团会议提出申请，要求开除方东美："学生方东美，于星期日在大学礼拜堂做礼拜时，不遵守校规读《圣经》，却看小说，经牧师查明属实，应予开除学籍，以儆效尤！"

正在这决定方东美命运的紧要关头，"救星"出现了。

他就是哲学系的美籍教授汉密尔敦博士。与那些教条刻板的牧师不同，汉密尔敦的思想很开明，而且一直对哲学系的"捣蛋王"方东美十分赏识，将其视为得意门生。如今听到学校方面竟然如此小题大做，要扼杀一个天才学生，汉密尔敦教授再也坐不住了。只见他缓缓地从教授席中站起来，郑重地向教授团会议提出一项耸人听闻的议案——"请赶紧让金陵大学关门！"在众人的错愕声中，他讲了提出这一议案的理由：金陵大学不是传教士训练班，而是一所大学。办大学就应该有大学的教育宗旨，即使是教会大学也不能例外。大学教育的宗旨是为未来社会各界培养优秀的领袖人才。现在，校方仅仅因为一件在教堂里不守规矩的小小过失，就完全忽略一位优秀青年内在的才华与潜力，把他拒之于大学校门之外。请问我们在华创办教会大学的教育宗旨何在？若是没有正确的大学教育宗旨，这样的大学早已失去了它存在的理由，不如索性早点关门好了。

汉密尔敦的这番话真可谓是振聋发聩，让各位教授都陷入了深深的思考。而"开除方东美"的提案，也就这样不了了之。

学生影响老师

方东美的"救命"恩师汉密尔敦博士既是一位颇有见

识的教育家，同时还是一位研究佛学特别是唯识学的学者。20世纪60年代，方东美趁着在美国讲学的机会，专程前往加州欧柏林拜访这位四十多年前的恩师。此时的汉密尔敦已经八十高龄，白发如银，但仍健步如飞，打乒乓球，爬山越野，连好多年轻人都不是他的对手。

谈笑间，汉密尔敦反问了方东美一个问题："你知道我是在一个西方基督教传统中长大的人，却对佛学唯识产生了兴趣。你能猜出其中的原因吗？"方东美也正对这一问题感到困惑。于是，汉密尔敦笑着说道："还不是你们这些在南京金陵大学的中国顽皮少年引起的！"原来，当时以方东美为首的这批中国学生让校方很是头疼：说他们是害群之马吧，一个个都聪明好学；说他们优秀吧，却又总喜欢调皮捣蛋，与老师对着干。校方怀疑这些中国学生的"异常"举动可能与他们的宗教信仰有关。汉密尔敦的一个偶然经历也让他加深了这种疑虑：一天，教授在金大的校园操场上散步，看见一个中国学生正坐在球场旁边聚精会神地看一本书。他好奇地走过去，问这位中国学生："你看的是什么书啊？"学生很恭敬地把书递给教授，回答道："《唯识三十颂》。"教授接过书翻了翻，完全看不懂，只知道这是一本关于佛教哲理的书。他心想："难怪这些中国学生会与众不同，原来他们喜欢看这些书啊！"出于教育者的责任心和对中国文化的好奇心，他做了个决定：一定要弄懂这些佛教经典说了些什么内容。他对这个中国学生说："能不能把这本书借给我看看？"由于教授一向爱护中国学生，所以大家都很尊敬他，这个学生说道："既然教授对这本书有兴趣，那就送给您吧！我到和尚庙里再找一本就是。"

汉密尔敦拿了这本《唯识三十颂》，越看越觉得神奇：就是这么薄薄的一本书却好像蕴含无穷的内容。于是，他来了研究的兴趣，决定把这本佛经翻译成英语。就是这偶然的决定，让汉密尔敦欲罢不能，一钻研就是二十多年，不仅第一个把《唯识三十颂》引介到英语世界，他自己也成了西方人研究佛教唯识学的权威和先驱。如今在欧美国家，凡是研究佛教唯识学的，没有不知道汉密尔敦教授鼎鼎大名的。《大英百科全书》关于中国哲学与佛学方面的特约撰稿人请的就是他。

不过，说到这桩学术公案的缘起，居然与方东美等一批聪明而又调皮的学生有关，这真是"学生反过来影响了老师"！

因祸得福

"祸兮福之所倚，福兮祸之所伏"，方东美逃过大难，很快就因祸而得福。当时金陵大学的校长鲍文博士听说了这场风波，惊诧于教师们对方东美截然不同的评价，决定亲眼见见这位"名人"。见面后，校长单刀直入地问道："你身为金大的一员，为何要伙同一些同学专门对学校捣乱？"此时的方东美尚未及弱冠之年，面对堂堂大学校长，却不见丝毫局促和慌乱，而是不卑不亢地声明自己并非故意跟学校捣乱，只不过是不同意学校的许多作风与制度。鲍文校长来了兴趣，让他畅所欲言。于是，方东美侃侃而谈，畅论大学教育之道，将平日里自己和同学们的困惑与思考一一道出。方东美说：办大学教育需要有大学的教育精神，这就必须礼聘真正的教育家来教育青年，不可以简单地将教会传教士训练班的那一套搬到大学里来。换句话说，修道院可以大学化，但大学绝不可以修道院化。

接着，他直言不讳地指出当时金陵大学的教育存在的危机和弊端：

第一，没有适应中国国情和政局的发展，故步自封。自从 1911 年孙中山先生领导辛亥革命成功之后，中国已经逐渐站起来，近日之中国已经不同于往昔之中国。因此，西洋教会要想在中国立足并获得发展，就必须多了解、多尊重中国的历史和文化，应该加强中国文学、历史、哲学、宗教等文史方面的课程。而早期金陵大学的课程设置，过分偏重西洋科学与文化；即便是少得可怜的几门中国文化方面的课程，教员也是由那些外行的教会人士一手引进的，多半不是这方面的一流学者，甚至有的干脆就是滥竽充数，不能令广大学生满意。

第二，金陵大学一直是一所教会大学，与美国联系密切，而未曾向中国政府当局备案。尽管它已经在纽约教育部门备案，但毕竟处于中国，像这样丝毫不尊重中国的教育主权，一旦今后中国的教育制度走上轨道，金大所发的（**纽约市立大学**）毕业文凭，很有可能得不到中国政府的承认，这势必会对学生和学校造成严重的损失，影响毕业生的前途。

说完这两点，方东美恳切地希望校方能够为学校教育前途着想，考虑改正。鲍文是一位比较开明的教育家，听了方东美这番慷慨激昂的阐述，非但没有责怪，反而深为他的慧见睿识和拳拳之心所打动，表示学校将认真考虑方东美的意见。

很快，金陵大学就加强了文史课程的师资阵容；而且在引进教员时，不再由外行的牧师一手包办，转而交由中国的教师和学生商议考核决定。不过，受种种因素影响，鲍文校长在任期间没能完成金大向中国政府教育部门正式申请立案的工作。直到1928年，这项任务才由金大历史上第一位华人校长陈裕光完成，金陵大学也成为国民政府定都南京后最先呈请立案并获批准的教会大学。

逃过大难的方东美也开始检讨自己，逐渐将才华从调皮捣蛋转向知识的学习和学问的追求。不久，他便因为才华出众和有领袖气质而被推选为金陵大学学生自治会会长，并担任金陵大学学报《金陵光》的总编辑和学生学术团体中国哲学会主席。《金陵光》是金陵大学的首份学术刊物，秉承了保存国粹、灌输学术的思想宗旨，大量刊登学术论文、时评文章和文学作品，很快成为民国时期国内学术界的一份重要刊物。从另一个角度看，《金陵光》博采中西之长的办刊宗旨，也对方东美以后的治学道路产生了深刻影响。

也就是在金陵大学，青年方东美结识了杜威。1919年五四前夕，大名鼎鼎的美国实用主义的主要代表、芝加哥学派的创始人杜威博士来华讲学。1920年夏，杜威由北京南下到南京。当时的南京学术界把这作为一件难得的学术盛事，专门举行了隆重的欢迎会。在南京欢迎会上致欢迎辞的，正是年仅弱冠的方东美！就是这个时候，方东美与杜威结了缘。此后，金陵大学聘请杜威博士讲授西洋哲学史（上古部分），方东美也正式成为杜威的弟子。

最初，方东美对杜威很欣赏，毕竟这是他亲眼见到的第一位西方著名哲学家。1920年，他以"方东英"的笔名在中华书局出版译著《实验主义》，可以看作是这种欣赏的集中体现。《实验主义》是英国实用主义哲学家莫瑞写的一部简要阐述实用主义基本思想的小册子，目的是回答各界对实用主义的责难。方东美翻译此书（这也是方东美唯一的一部译著），很显然是受到杜威的影响。不过到了后来，方东美尽管对杜威的品德仍然非常钦佩，称赞杜威人品敦厚诚挚，不愧为君子，但在学术上却逐渐远离和抛弃了实用主义学说。原因有两个：一是方东美觉得实用主义学说过于肤浅，而且很狭隘，只能代表美国；二是他十分不满当时胡适对杜威实用主义的歪曲解释，正如他晚年所说的："老实说，若是认真地讲杜威，杜威还是有得讲的。但绝不是胡适之那样子的讲法！"

第3章

五四运动中的方东美

20世纪前期的中国社会风起云涌，国家前途、民族兴亡与个人命运紧密纠合在一起。方东美不愿做高居象牙之塔、袖手学问的书呆子。他不仅好学深思、志怀瑰玮，而且深深地关注着世局国运。这一时期最重要的两次青年事件——五四运动与少年中国学会的创立与兴起——都深深地留下了方东美的印记。

策动南京学生运动

当方东美在金陵大学如饥似渴地汲取哲学养料时，五四运动爆发了。

1919年1月，第一次世界大战战胜国在法国巴黎召开"和平会议"。中国当时的北洋政府于1918年加入协约国集团，对德奥同盟宣战。所以，以战胜国的身份参加巴黎和会的中国，要求索回战败国德国强占的山东半岛的主权，这应该是顺理成章的事。但是，操纵和会的英美法列强为了平衡各自利益，不顾中国外交团的抗议，在1919年4月30日签订的《凡尔赛和约》中无耻地出卖了中国，竟然决定将德国在中国山东的权益全部转让给日本。5月2日，北洋卖国政府迫于压力准备秘密签署这一丧权辱国的条约。消息传到国内，立刻激起了社会各界民众的强烈愤怒。

1919年5月4日中午，北京各大专院校学生三千余人汇集天安门，游行前往东交民巷美国使馆，由罗家伦、傅斯年等代表学生向美国使馆递交了陈词书，然后又派代表到英、法、意使馆，但三国使馆拒绝接受陈词书。帝国主义列强的卑鄙与傲慢，以及北洋政府的懦弱无能，使广大民众的愤怒终于爆发出来。5月5日，北京各大专院校总罢课。随后，全国其他城市、其他行业也纷纷罢课、罢工响应。这就是中国现代史上波澜壮阔的五四爱国运动。据统计，从5月4日至5月17日的短短十几天时间里，就有超过一千四百名中国留日学生回国参加五四运动；到8月，这个数字上升到两千余人，占当时全部留日学生总数的三分之二。仅从这一点就能看出当时学生的爱国热情是如何之可爱可贵。

负责组织北京五四游行的主要有两个学生组织：一个是新潮社，大约有四十名成员，全部是北京大学的学生，其中包括顾颉刚、江绍源、俞平伯、张申府、冯友兰、朱自清等；另一个就是正在筹备中的少年中国学会，成员由北京各高校学生和外地的高校学生组成，包括李大钊、王光祈、曾琦、周太玄、易克嶷、许德珩和方东美等人。

五四运动爆发的第二天，为了鼓动全国学生响应，北方学生代表罗家伦、段锡朋、陈宝锷、周柄林等纷纷南下南京和上海。而川鄂青年如王光祈、陈愚生、恽代英、余家菊，留日学生田汉、郑伯奇等人也陆续来到南京、上海。这些学生领袖计划会同当地学生举行罢课游行，在宁沪响应北京五四运动。此时，刚刚年满 20 岁的方东美是正在筹备中的少年中国学会南京地区的骨干之一，在南京高校学生中有很大的影响力。所以，就由他与北平南下的学生代表协商如何发动南京的学生游行。

当时，南京教育界的情形与北方有很大的差别。北方地区由于军阀长期割据混战，政治动荡，民不聊生，弄得天怒人怨，教育界也不能幸免，常常为经费发愁。而主掌南方的两位军阀——浙江军阀卢永祥和江苏军阀齐燮元都很聪明，很善于敷衍教育界、新闻界的人士。特别是实际控制南京的齐燮元，拨给教育界的经费比较宽裕，而且还捐出一大笔钱，为南京高等师范（东南大学前身）建了一座图书馆。所以，他在南京教育界的声誉还是不错的。可以说，当时南京的这种政治气氛很不利于发动学生运动以策应北平。但是如果南京没有动作，势必会对上海、武汉、广州等地的学生运动造成很大的消极影响，最终破坏五四运动。

在这种情况下，方东美等南京本地学生与北方南下的学生经过缜密商量，决定避开与齐燮元关系密切的南京高等师范，从金陵大学开始发动游行。这一方面因为金陵大学是一所由美国人办的教会大学，江苏军阀齐燮元继承了北洋势力惧怕外国人的传统，不敢干涉金陵大学的事情；另一方面也因为金陵大学的学生自治活动开展得比较好，包括方东美在内的好几位金陵大学的学生都已经参加了少年中国学会。

正当方东美和其他同学紧锣密鼓地准备串联各高校学生之际，金陵大学的几个中国教授察觉到蛛丝马迹。这几个教授长期做洋人的奴才，已经完全没有忧国忧民的爱国情怀。他们发现苗头不对，生怕学生的行动会给他们带来麻烦，于是跑到校长那里告密。校长是美国人，对中国的灾难本来就没有切肤之痛，本着"多一事不如少一事"的原则，很快同意这些洋奴教授的建议，在校园里贴了公告，说：因为现在时局不稳，学校从今天晚上起放假，具体复课时间待定。

这一釜底抽薪的毒计给方东美等人当头一棒。因为同学们集中住在学校，很便于召集串联；但倘若学校宣布放假，宿舍关门、食堂关门，同学们在学校里待不下去了，自然无法抱成团搞运动。在这紧要关头，方东美没有失去惯有的冷静，马上了解清楚这一事件的关键人物是洋奴教授中一个姓印的家伙。于是，方东美决定祭出"泼辣"这个法宝。方东美带着几个同学找到印教授家里，直截了当地对他说："我们现在晓得校长这个布告是因你的建议而起，我们这一大批人到你这里来，你如果不设法把布告取消，我们就把你架到校长那里揍你，把你揍死！"姓印的教授被吓得够呛，由学生押着去见校长，想办法让校长撤销了强行放假的公告。

随后，方东美找到金大数学系的一位同学负责学生纠察大队，又找到农学院的一位同学负责学生宣传大队，并把同学们组织起来，控制了从南京鼓楼到下关的交通。1919年5月7日，在方东美等少中会骨干的有效组织和热情鼓动下，南京地区高校的学生运动率先由金陵大学发起，其他高校的学生也纷纷加入。于是，五四运动的风潮在南京很快激烈地鼓荡起来，并会同上海和全国其他地区的罢课、罢工、罢市等爱国行动，有力地配合了北平，将五四爱国运动不断推向高潮。

不过，方东美深得道家"为而不恃"思想的精髓，很少向人讲起青年时坐镇南京，运筹帷幄，亲自指挥东南学生运

动的峥嵘往事，以至于很多人根本不知道方东美在五四时期
南京学生运动中曾起过举足轻重的作用。

参与筹建少年中国学会

上文多次提到的少年中国学会（简称少中会）是中国现
代思想文化史上的一个传奇。20 世纪初的中国尚未从鸦片
战争之耻、八国联军之祸中复苏过来，民国肇建，换来的却
是同样可耻的官僚殃民、军阀卖国。于是，一批动机纯洁、
人品高尚、意气风发、才华横溢的热血少年，痛感于旧中国
的垂垂老矣，自发组成非政治性的民间学术思想团体，希望
用自己的激情、理想与活力为中国带来青春的希望。他们受
到当时影响极大的"少年意大利"和"少年土耳其"等国外
革命精神的鼓舞；在他们的脑海中，激荡的是梁启超《少年
中国说》那振聋发聩的时代宏音："故今日之责任，不在他
人，而全在我少年。少年智则国智，少年富则国富，少年强
则国强，少年独立则国独立，少年自由则国自由，少年进步
则国进步。少年胜于欧洲，则国胜于欧洲；少年雄于地球，
则国雄于地球！"于是，他们为自己的团体取名"少年中国
学会"，意在建立少年之中国。少中会成为五四时期出现的
影响最大、历史最久、会员最多、分布最广、分化也最明显

的青年社团。

少中会的成员前后共有一百二十余人，其中囊括了那个时代各方面的精英。会员中，有后来成为共产党党员的毛泽东、恽代英、邓中夏、杨贤江、沈泽民、高君宇、刘仁静、赵世炎、张闻天、黄日葵；有成为青年党党魁的左舜生、李璜、曾琦；有成为国民党党员的周佛海、杨亮工、吴保丰；有科学、教育、文化、艺术界的著名专家舒新城、朱自清、宗白华、田汉、张申府、许德珩等人，甚至还有20世纪40年代的中国船王卢作孚。以至于到40年代，尽管此时少中会已分裂解体，仍有人不禁惊呼：当今中国，已成为少年中国学会的天下。

王光祈是少中会的主要创始人。他是个典型的理想主义者。他认为救国的长远办法是将有为青年聚拢组织起来，进行交流切磋，增进学识，磨炼意志，培养各类专门人才，来解决各种实际问题。1918年4月，王光祈完成了长达一万多字的计划书，并寄给国内外志同道合的朋友磋商讨论。

1918年6月30日，王光祈、曾琦、陈愚生、周太玄、张梦九、雷眉生等人在北京宣武门外南横街岳云别墅张文达祠聚会，大家讨论了王光祈关于少年中国学会的创意。7月21日，时任北大教授的李大钊受邀参加会议，一起讨论学会章程。很快，大家达成共识："联合同辈，杀出一条道路，把这个古老腐朽、呻吟垂绝的被压迫被剥削的国家，改变成为一个青春年少、独立富强的国家。"与会七人共同署名发起少年中国学会，王光祈为筹备处主任，确定学会宗旨为："本科学的精神，为社会的活动，以创造少年中国。"

经过整整一年的筹备期，1919 年 7 月 1 日，少年中国学会正式宣告成立，王光祈被推选为执行部主任，主持学会会务。少中会之所以有如此长的筹备期，主要是因为发起者们都积极投入了当时的五四学生运动之中。可以说，尚处在筹备期的少中会就已经散发出灼热的光芒。

为了保证纯洁性，少中会对入会条件作了严格的规定：加入少中会需要五个人介绍，并经评议部认可；会员需认可三条基本原则：纯洁、奋斗、对本会表示充分同情（**后来发展为奋斗、实践、坚忍、俭朴等四条**）；会员必须研习一种专门学科，不得中途休辍或自行更改；凡思想龌龊、行为卑鄙之人，凡有嫖娼、赌博、纳妾、抽食鸦片等陋习之人，凡有宗教信仰之人，凡在洋行工作之人，凡做官之人，均不能成为会员。即使已经做了会员，倘若出现上述情况，也要清退出会。会员易家钺在《京报》上匿名发表了一篇骂文，被认为"吐词淫秽""不啻宣告青年人格的破产"，学会决议命其自行出会。此外，写《中国佛教史》的黄忏华因为信仰佛教，曾经是同盟会老会员的罗季则因为讨了小老婆，也先后被清退出少中会。

从少中会严厉得近乎苛刻的会员要求中，可以看出它希望能保持独立、纯洁和奋发的精神，坚守非官方的立场，不参与当时污浊的政治，与旧习惯、旧传统决裂，而追求新道德、建设新生活。很快，大量志同道合的热血男儿被团结到这个有活力、有希望的团体中。少中会除了迅速在国内产生影响外，还先后在德国、美国、日本、法国、南洋等地建立了分会。

为了给会员们提供交流平台，少中会决定出版会刊，取名《少年中国》，内容主要是介绍自然科学、社会科学、文学、哲学方面的论著与译文，涉及人生观、世界观及社会问题各个方面；同时还发布学会日常活动消息及会员通讯等。王光祈、李大钊先后担任该刊主编。

1919 年 11 月 1 日，少中会南京分会成立。早已参与少中会筹备组织工作的方东美正式加入少年中国学会，主要参加南京分会的活动。1920 年 1 月 1 日，少中会南京分会编辑出版《少年世界》刊物。方东美因为文采超凡、学养出众，被选为《少年世界》主编，稍后又继王光祈、李大钊之后成为《少年中国》的主编。这年元月，毛泽东经王光祈、邓中夏的引介，正式加入少年中国学会。他亲笔书写的入会申请表一直保存在方东美家里。

由于南京分会的工作开展得卓有成效，影响日增，少中会北京总会先后在南京、苏州等地召开了全国的年会。1923年，少年中国学会将总部迁往南京。

少中会修订后的宗旨是"振作少年精神，研究真实学术，发展社会事业，转移末世风俗"，学术研究被明确为宗旨之一。而会刊《少年中国》的三条编辑方针"鼓吹青年、研究学理、评论社会"的第二条同样突出学术研究的地位，指出："研究学理是我们新少年的真正天职。世界的新思潮在学术上是真正的自然科学的精神；在社会上是真自由、真平等的互助主义同新式的社会组织；在文学上是写实主义同人道主义……我们要打破中国人的文学脑筋，改造个科学精神，这是我们月刊的目的。"

方东美对少中会重学术性的特色非常支持，他自己先后在《少年中国》上发表了《博格森生之哲学》《唯实主义的生之哲学》《詹姆士的宗教哲学》等学术论文，又在《少年世界》上发表了《美国群学会的年会》《国际间两大学术团体》两篇介绍学术的文章和《一九一九年之俄罗斯》《罗素眼中苏维埃的俄罗斯——一九二〇年》等两篇译文。这是方东美登上学术舞台的初演。从这些略显稚嫩的文章中，可以看出他当时的哲学兴趣主要在西方近现代哲学，同时也可以反映出苏联十月革命对这些爱国青年的冲击。而方东美哲学重视生命精神的重要特质在此时已初现端倪。

"三大憾事"

少年中国学会既凝聚着方东美青年时期的梦想，也有他一生挥不去的遗憾。晚年的方东美曾经说自己毕生有三大痛憾之事，每一件都离不开少年中国学会。

第一件令方东美痛憾的事发生在少中会的发起人，也是少中会灵魂人物之一的王光祈身上。

早在王光祈十五六岁时，寡母罗氏就为他订下了一门亲事。1910年初春，王光祈成婚，与妻子生下一双儿女。但天有不测风云，在短短几年内，王光祈的母亲和一对儿女竟然先后离世，这给了他巨大的打击。面对这"生命中不可承受之重"，他选择了远走他乡。1914年春，女儿去世后不久，悲痛交加的王光祈悄然走出家门，买舟东去，从此再也没有回去过。后来一次进京的时候，王光祈受同乡前辈吴虞之托，沿途照顾其二女儿吴小姐到北京读书。一路下来，吴二小姐竟然爱上了比她年长十余岁、历经风霜的王光祈；而吴小姐的爱也让王光祈几近枯死的爱情之树重焕生机。1920年，少中会成立后不久，王光祈决定不顾一切，与吴小姐共结连理。

然而，他们的爱情却遭到素来敬重他的少中会同人们的一致反对。王光祈在川中尚有原配妻子固然是一个原因，但这恐怕不是最重要的。以追求新道德、建设新生活为生活理想的新青年们，并不认为与旧的不幸婚姻决裂是一桩多么大的罪恶。他们之所以反对王光祈的新爱情，更多的是出于事业的考虑。当时少中会正极力倡导妇女运动，主张全国妇女应该担负未来中国文化一半的创造力。现在发起人却率先喜新厌旧，抱得美人归，很容易令外界产生"严于律人、宽于待己"的误解，从而致使妇女运动遭受挫折。

　　于是，少中会的同人纷纷表态，要求王光祈慧剑斩情思，为了远大的理想放下儿女私情。一面是自己毕生追求的事业，一面是弥足珍贵的爱情，王光祈陷入左右为难之中。终于，在左舜生的建议下，王光祈答应和吴二小姐分赴美洲和欧洲留学。这实际上是变相的妥协。然而，世界上最难控制的就是人的心。就在起航之日，本应分乘两条轮船的王、吴二人却一同登上了前去欧洲的邮轮。

　　消息传回来，少中会同人不知所措。这时，方东美挺身而出，连夜赶出一封长信，直陈王光祈此举有"七不可"，义正词严。这封信很快寄到王光祈的手中。王光祈读罢此信，心潮起伏，半是惭愧，半是抑郁。当邮轮抵达法国马赛港时，王光祈给方东美寄来一张明信片，写道："函悉，此心已明，此计已决，迨抵巴黎后，孑然一身，遄赴德国学习音乐以终了此生。"王、吴二人就此分手。王光祈独身前往德国学习音乐十六载，先后完成《中国音乐史》《东西乐制之研究》《东方民族之音乐》等音乐专著十七种，音乐论文二十篇，翻译西方音乐论著十四种，被誉为"东方研究比较音乐学的第一人"。1936 年，王光祈客死异国他乡，年仅44 岁。1941 年冬，王光祈的骨灰被辗转送回祖国，由李劼人安葬在成都东郊周太玄的墓园中。早在中学时，王光祈与李劼人、周太玄一起到成都东郊周太玄家聚会时，就曾相约死后同葬此地。现在，天涯客总算落叶归根了。

方东美忆及此事，痛呼："我不杀伯仁，伯仁为我而死！"特别是 1924 年方东美留学归来，因为要与原配妻子盛氏解除婚约而掀起一场风波时，他才更真切地体会到当时王光祈心中浓浓的悲伤与无奈。

让方东美痛憾的第二件事情，是发生在 1925 年的少中会的分裂。

1925 年，美国留学归来、在武昌高等师范任教一年的方东美，怀着久别重逢的喜悦心情前往上海左舜生的寓所与少中会旧友见面。然而，让他万万没有想到的是，他看到的竟是会友互为仇寇、少年中国学会分裂瓦解的惨痛一幕。

本来，此次相会是为了协商如何重振少年中国学会之旗鼓。但是，中国时局的急剧变化，使这些原本能够求同存异、切磋共进的旧日同人的思想发生分化，进而作出不同的人生选择。毛泽东、恽代英、邓中夏、张闻天、沈泽民、杨贤江等会员逐渐接受了马克思主义，加入中国共产党。左舜生、李璜、曾琦、陈启天、张梦九等人则成为国家主义派，加入中国青年党，反对学习苏俄，反对国共合作，声称在民族危亡之际，只有变以往的"文化主义"为"民族主义"，唤醒大多数民众参与救亡，国家才可能生存发展。

此时，震惊中外的五卅运动刚刚过去，国家主义派指责中国共产党领导的五卅运动"别有用心"，是苏联共产党的附庸。因此，少中会会员是在一种紧张和不信任的气氛中重聚的。刚见面，共产党和青年党两派会员还能保持客气的姿态，辩论政策问题。但双方的分歧太大，很快辩论转变为争论，进而演变成威胁、恐吓。大家不停地挥舞拳头，口沫四溅，各以杀头相威胁，几乎演成流血斗争。

方东美原本就对政治持"敬而远之"的态度。1921年7月，少中会在南京召开的第一届年会上，方东美就明确表示反对将学会与"主义问题"联系在一起，说："我的意思，亦只赞成能有一个明确的宗旨便好了……学会宗旨与事业，均须有个明确合理的解释，我信原定学会宗旨'本科学的精神，为社会的活动，以创造少年中国'规定得很好。这已指出学术不能分开，而且果有益于社会，为学亦活动之一种。少年中国是纯洁而多方的。学会但能为她有一点一滴的贡献，便无愧创造少年中国的话。"言外之意，少中会应当继续保持重视学术研究的风格，不参与"主义"之争，"超然独立于一切政治权力斗争范围之外"。加之中国社会分化组合急剧的这几年，方东美一直在美国留学，所以，他实在无法理解旧日好友为何变得如此陌生。

震惊之余，方东美以及和他持近似立场的王崇植，一起哀求双方平心静气，暂时恢复往日的友悌情分，握手言和。然而，彼此间的裂痕已无法弥补。这场不欢而散的聚会，标志存在长达七年、团结大批英才、鼓动五四、影响极大的少年中国学会正式瓦解。散场之际，代表中国共产党的邓中夏与代表中国青年党的左舜生握手告别，邓中夏怀着既敌视又难舍的复杂心情说道："好吧，让我们在战场相见！"此情此景，令方东美心碎不已。

第三件痛憾之事发生在八年之后的 1933 年，方东美的少中会挚友、杰出的中国共产党领袖邓中夏被杀害于南京雨花台。

邓中夏 1917 年考入北京大学，先攻文学，后转学哲学；其人豪迈侠义，才气无双，有"北大文科状元"之称。昔日少中会旧友、后来的政敌青年党党魁李璜也不得不发自内心地称许他"纯任自然，大气磅礴"。方东美、邓中夏两人虽对政治的态度不同，但这并不影响彼此惺惺惜惺惺。邓中夏是方东美的知音，称许方东美是一条"热血汉子"；方东美则欣赏邓中夏的"义气豪侠"，称他为"人中之侠"。

邓中夏胸怀爱国救世之志，参加五四运动，加入少年中国学会，后加入中国共产党，多次领导工人运动，成为中共重要领导人。1933年，邓中夏在上海被捕。蒋介石先让邓中夏的少中会旧友前来游说，被他严词拒绝；后又派出国民党的理论家来劝降，被他一一驳斥。当他被押上刑场，问及还有何遗言时，他对执刑的宪兵说："对你们当兵的人，我有一句话说，请你们睡到半夜三更时好好想一想，杀死了为工农兵谋福利的人，对你们自己有什么好处?"然后慷慨就义。方东美对邓中夏的死十分痛惜。

少年中国学会是对方东美一生影响最大的社团。尽管少中会已解体、会友反目，但方东美仍坚守少中会"振作少年精神，研究真实学术，发展社会事业，转移末世风俗"的宗旨，以毕生心血从事学术研究和教育青年的工作，致力于文化理想与文化价值的实现。在方东美去世后，昔日少中会会友、原南京市市长、留德水利工程专家沈怡称方东美是少中会精神的真正实践者，并将他和王光祈并称为少年中国学会的两大"完人"。

第 4 章

留 学 美 国

1921 年夏，方东美从金陵大学顺利毕业。在此前后，他参加了少中会在南京召开的第一届年会。令方东美感到不快的是，"主义"之争成了这届年会的主题。1920 年 8 月，李大钊正式提出少年中国学会确立一种"主义"的动议，但没有获得大多数少中会成员的认可。在 1921 年 7 月 1 日至 4 日召开的南京年会上，"主义"问题再次被提出，而且势头更加猛烈。尽管方东美发言表示希望少中会保持纯洁性与学术性，但少中会从学术转向政治几乎已成定局。同月的 23 日，毛泽东、刘仁静、周佛海等少中会会员就转道上海参加了中国共产党第一次全国代表大会，同时成为中共领袖的还有因公务缺席会议的李大钊。两年后，曾琦、李璜等少中会会员在巴黎正式成立中国青年党，宣扬国家主义。

少中会的政治化令方东美颇有些心灰意懒，又恰逢大学毕业，人生道路将往何处去？这个严肃的问题摆在22岁的方东美面前。就在这时，一个机缘出现在他的面前：被金陵大学推荐到美国读研究生。

留 学 逸 事

金陵大学有教会大学的背景，加之它又是所有在华教会大学中的佼佼者，在美国纽约州教育局备过案，所以按照规定，金陵大学的毕业生可以同时获得纽约大学的文凭与学位，享受与欧美大学同等的待遇，并有资格直接进入纽约大学或任何美国大学的研究生院继续深造。方东美是金陵大学有名的才子，古文、国学的功底颇深，英文水平也高，曾发表过好几篇研究论文，并出版过一本译著；而且，在"开除风波"中，他对鲍文校长不卑不亢、有胆有识，深得校长赏识。因此当他毕业后，顺理成章地被金陵大学推荐到美国读研究生。

对此，方东美也有过一丝犹豫，原因是他不太喜欢颇有些暴发户色彩的新贵——美利坚合众国。不过，对纯学问的向往、对哲学的爱好，还是让他最终接受推荐。五四运动的风云激荡，少年中国学会的热血昂扬，都让青年方东美产生了一个念头：中国要想摆脱落后、迎头赶上，就必须首先了解西方列强；而要了解西方，首先要了解西方的哲学文化！所以，方东美希望能够到西方世界去亲身感受别人的哲学。美国虽然有些市侩气，但经过一次世界大战，美国已经逐渐取代英国而成为西方世界的新霸主，并且美国的哲学研究也同样洋溢着新鲜与活力。

1921 年 8 月 12 日，方东美打好行囊，怀着一颗兴奋的求知心，在上海登上"中国号"轮船，经檀香山、横渡太平洋，踏上了远赴美国的留学之路。同船的还有梁实秋、王崇植、浦薛凤、顾翊群、吴国桢等人。到了美国后，方东美首先进入威斯康星大学学习哲学。

方东美是一个精彩的人，无论到哪里都少不了精彩。留学期间，围绕着他发生过一系列的故事。

美金十元学会德文

方东美赴美国留学时，英文已有相当水平。不过，只会英文还是不够的。他在威斯康星大学的哲学指导老师麦奇威教授就告诫他道："学哲学，你光通英文是不够的，非兼通德文不可。"因为德国是哲学的故乡，学习西洋哲学而不了解德国哲学是不可想象的；要了解德国哲学却不通德文，很难说能真正抓住德国哲学的精髓。

听了教授的话，方东美决定攻克德文关。此时的他从未接触过德文。应该怎样着手呢？方东美首先从德文系聘请了一位补习老师，谈好每小时的报酬是五美元。在跟随德文老师学习两个小时后，方东美学会了德文的发音和一些基本规律。他心想：别的内容像语法、生词等等，都可以通过自学实现，没必要多花冤枉钱了吧。想到这里，他干脆交给补习老师十元美金，将老师辞退了。接下来，方东美凭借着出众的语言天赋和锲而不舍的毅力，居然完全靠自修学通了德文，可以自如地阅读康德、黑格尔、叔本华、尼采等人的哲学著作和歌德的文学作品，并作了大量的眉批注释。他后来常风趣地对人说："我十块美金，学通了德文！"

方东美作为一个语言大师的表演还远未结束。为了确实掌握西洋哲学重要术语的意涵，他学习了希腊文和拉丁文，并且自学了法文。甚至直到 70 岁时，他还孜孜不倦自修梵文，特别托人从日本东京替他买回《梵文大辞典》。当然，方东美最杰出的还是英文，他的不少著作都是用英文写作的；有西方读者赞赏方东美的英文著作典雅华丽，在遣词造句的风格上有维多利亚女王时期的"语言倾向"。

哲学是可以救人性命的

这个故事发生在方东美到美国后的第一个暑假。此时，其他同学都回家度假去了，唯独方东美这个异乡学子无家可回，正好留在学校，利用假期好好啃一啃德语。

一天，方东美从外面回到寓所，意外发现空气中弥漫着刺鼻的异味。仔细分辨，不得了，这是煤气味。循着气味的来源，方东美来到房东的屋子门口。房门是紧锁的，门里隐隐约约传来人的呻吟声。很明显，房东家的煤气泄漏，并且已经有人煤气中毒了。情况十分紧急，此时再去叫警察恐怕已经来不及了。就在这人命关天的危急时刻，那源自方氏祖先的坚毅果敢的性格，在方东美的身上迸发出来。说时迟，那时快，他一脚踢开房门，冲进去把人救出来。中毒者是房东的大儿子，已经奄奄一息了。方东美一面打开所有窗户，流通空气，一面打电话叫救护车，将病人送医院急救。终于，病人因抢救及时，捡回一条性命。当天晚上，房东回家得知此事，又是后怕，又是庆幸，激动地紧抱住方东美，口里连连说道："你救了我儿子一命！"就在这一刹那，方东美心中涌起一种明悟："谁说哲学是没有用的。原来哲学这门学问，就是为了救人的。而哲学的本身，就应当是救世救人的大学问啊！"多年后，方东美与人说起这段往事，还会自豪地用浓重的桐城方音说："我用哲学救了他的性命！"

方东美不仅用哲学的实践智慧救过他人的命，还用哲学的生命体悟救过自己的命。他很喜欢游泳。一次，他一个人游泳时，突然出现身体不适，整个身子往水底沉。求生的本能让他拼命地挣扎，但是越挣扎，身子反而沉得越快。眼看难逃灭顶之灾，就在这时，方东美哲学家的洒脱气质展现出来，他静下来一想："我是一个哲学家呀。对于生死怎么能像寻常人一样呢？我应该看得开一些才是。如此惊慌失措、求生怕死的样子，实在是太难看了！亏我还学过庄子的'知其不可奈何而安之若命'呢！一个哲学家，即便是死，也要死得洒脱一点啊！"想透了这一点，方东美不再用力挣扎，而是放松心情，四肢也自然舒展开来，接受自己的命运。结果，这一下反而符合了救生的道理，身子居然浮出水面，最终得以生还。

由这两次救人、自救的故事，不难发现，方东美是一个真正用生命体证哲学的思想家。

害得罗素爽约

方东美留学期间的第三件趣事与英国著名哲学家罗素有关。民国时期对中国知识界影响最大的西方思想家有两位，一个是美国的杜威，另一个就是英国的罗素。二人都曾经访问中国。特别是罗素，曾于 1920 年 10 月 12 日至 1921 年 7 月 11 日在中国各地访问讲学长达九个月，对中国社会有较深的了解。他在北京大学担任客座教授期间举办过多场演讲，受到中国学生的热烈响应。不过，罗素却说："我从中国学到的东西，比中国向我学到的东西要多得多。很多长期在中国生活过的学者都有和我同样的观点。"方东美错过了在国内聆听罗素演讲的机会，却意外地在威斯康星大学弥补了这一遗憾。

罗素在结束中国之行后不久，又去访问美国。一天，罗素来到威斯康星大学，准备给同学们举办一场演讲。在演讲开始前的一段空闲时间里，方东美和另外几位中国留学生慕名前来拜访。罗素对中国的印象非常好，所以很愉快地接见了方东美等人。当时罗素正准备把在中国的见闻和感想写成一部书，所以，大家就共同关心的"中国问题"交换了意见。宾主谈笑颇欢，不觉时间飞逝，罗素竟然忘记了此时自己在威斯康星大学还有一场演讲。结果，大师很不好意思地爽约了，害得听众苦苦等待，却不知道始作俑者是几位意气风发的中国学生。

可以说，这次见面对罗素和方东美都产生了重要的影响。罗素于 1922 年出版了《中国问题》一书，集中阐述了他对中国文化的看法。在书中，罗素对中国抱有相当的善意和尊重。他说："中国是我接触过的最好的国家之一，现在受到列强如此虐待，我要对这些列强发出最严重的声讨。"他认为中国是一个非常重要的国家，需要特别地关注。他说："在今后两个世纪，不管中国是变好还是变坏，都将对世界产生决定性的影响。"而决定中国发展的关键乃在于文化，经济、政治制度都在其次。罗素指出："中国现在虽然政治无能，经济落后，但它的文化与我们不相上下，其中有些是世界所急需的。"

通过亲身体验，罗素认为中国实在是完全不同于西方文明的另一种文明。他举了个例子：假设你打算住在某地，如果是在西方，人们会告诉你此处的地理位置和交通情况如何；但是在中国，人们却会告诉你："古代某个诗人曾隐居在这里"——中国人关注的是那些最不实用的内容。因此，罗素得出结论：西方文明并不是唯一的坐标。当然，罗素也明白 20 世纪 20 年代的中国所面临的内忧外患。那么，如何才能解决中国面临的问题？罗素认为，中国的根本出路在于既要向西方学习，又不要成为其奴隶。具体说，就是要自尊自信地学习西方，要扬长避短，尽量避免西方文明所走的弯路。

作为中国人民的朋友，罗素说，为了真理，为了中国，他必须指出自己所看到的中国人的缺点。罗素认为中国人的缺点主要有三点：一是贪婪，二是胆小，三是冷漠。应该说，直到今天，罗素的这些看法和建议仍然有意义。

方东美从罗素这里学到了很多东西，尤其是罗素对"文化"的重视和对工业文明弊端的揭示，我们都可以在方东美后来的著作中找到影子。不过，方东美在与罗素的交往中，仍时刻保持着思想的独立性和批判精神。例如，当时罗素很重视"时间"的观念，认为了悟时间的重要性，乃是入智慧之门。对此，方东美颇不以为然。在他后来建构的哲学体系中，"时间"只是通达智慧之福地乐境的道路之一；此外，还有"空间"等多途。方东美的这种学术独立性，十分鲜明地反映在他留学期间的学术活动中。

学 海 泛 舟

在留学的三年时间里，方东美沉浸在西方哲学智慧的海洋中，悠游起伏，间或激荡起朵朵璀璨的浪花。我们就从这浪花丛中撷取几朵，以窥探方东美的思想进路。

与柏格森哲学结缘

亨利·柏格森（被方东美翻译成"博格森"）是20世纪上半叶著名的犹太裔法国哲学家，他启发了威廉·詹姆斯和怀特海，而且对法国思想也有相当大的影响。柏格森所倡导的生命哲学在 20 世纪初期曾经风行一时。当时很多的中国知识分子喜欢柏格森哲学，如张东荪、李石岑，乃至熊十力等，都曾致力于研究柏格森生命哲学。在杜威的建议下，中国还一度向柏格森发正式邀请函，请他来中国讲学。可惜柏格森此时已年逾花甲，健康状况不太好，无缘前来。

回顾这一时期中国引进的西方哲学思想，我们发现其中有不少耐人寻味之处：一方面，大量地引进了詹姆斯、杜威、罗素等人的学说，这可以看作是对唯科学主义信仰论的支持；另一方面，又引进了柏格森的思想，这体现了对精神主义信仰观的声援。这种左右兼顾的态度，正好反映了当时中国知识界的困惑与彷徨。

在大学读书期间，方东美就对柏格森的生命哲学很感兴趣，并于1919年在《少年中国》月刊上发表了自己的初步研究成果——《博格森生之哲学》一文。文章虽然有些稚嫩，但他对柏格森的欣赏已表露无遗。进入美国威斯康星大学后，方东美欣喜地发现自己的指导老师是美国研究柏格森和怀特海的权威学者麦奇威教授。这无疑为他进一步深入研究柏格森哲学准备了条件。不过，除了这些原因之外，方东美之所以继续钟情于柏格森哲学，还与罗素分不开。说起来，罗素和柏格森有很多相似之处：他们都以哲学家的身份获得过诺贝尔文学奖，他们对 20 世纪前期的中国思想界均产生过重要影响。

罗素很重视柏格森哲学，他在《西方哲学史》一书中用了二十二页的篇幅专门评介柏格森的学说，几乎和他介绍尼采哲学的篇幅相当。不过，重视并不等于赞同。在书中，罗素用来客观介绍柏格森哲学的内容只占了一半篇幅，另外的一半篇幅则主要是对柏格森思想的思考和批评。罗素以潇洒俏皮的语言对柏格森哲学展开了犀利的批判，字里行间，极尽挖苦揶揄之能事。不过，这反倒激起方东美的研究兴趣。因为方东美曾经初步涉猎柏格森哲学，觉得柏氏的思想似乎并不像罗素所形容的那么不堪。对于方东美来说，罗素和柏格森都是他心仪和尊重的西方哲学家，所以孰是孰非也不好妄下判断。于是，他作了一个最简单也最困难的决定：亲自将柏格森的哲学研究透彻。就是这个决定，让他终生与柏格森结缘，成为柏氏在东方的最大知音之一。

柏格森生命哲学的启示

经过一年多时间的研究，方东美发现柏格森哲学实在是一个丰富的思想宝库，而自己大学时的论文简直稚嫩得可笑。柏格森哲学最让方东美感兴趣的有两点：一是柏格森对生命精神的高度关注，二是柏格森在阐释思想时所采用的方法。

　　柏格森哲学是以生命哲学的形式呈现在世人面前的，高度关注生命精神是它的最大特色。柏格森之倡导生命哲学，在很大程度上乃是对当时流行的现代科学主义文化思潮的批评和反动。在他看来，科学和理性只能把握相对的运动和实在的表皮，并不能真正把握绝对的运动和实在本身。后者只能通过"直觉"才能体验和把握到。所以，他主张用"直觉"而非"理性分析"来追寻本体性的存在。由柏格森所倡导的这种以精神性的体认、领悟来把握抽象实在的方法，被称作直觉主义。

　　直觉主义体认方法是由生命所具有的本原意义决定的。柏格森指出，生命及其创化乃是世界的本原，世界的一切都是生命创化的结果。因此，真正的实在既非物质，也非理念或意志，而是存在于时间之中不断变化运动着的"流"，他将其称为"绵延"。柏格森进一步分析了"绵延"的特征，指出："绵延"作为一种"流"，乃是各种状态、各种因素不断渗透、不断交替展现的过程，是一种不间断的、不可分割的活动。从性质上看，此种活动是心理的而非物质的，是时间的而非空间的。正因为如此，这种时间上的心理的"绵延"构成了宇宙的本质。

　　方东美十分关注柏格森用来论证"绵延"之本质的"生

命冲动"这一概念。在柏格森看来，"绵延"从根本意义上看，只不过是一种不可遏止、不可预测的"生命的冲动"。这是一种主观的非理性的心理体验，但同时也是创造万物的宇宙意志。从这一思想中，我们很容易看到尼采对柏格森思想的影响。受尼采的启发，柏格森将"生命冲动"创造万物的过程描述为向上和向下这两个面向：就向上的一面看，"生命冲动"本能地向上喷发，产生出精神性的事物，其中包括人的自由意志、灵魂等；就向下的一面看，"生命冲动"向下坠落，产生出无机界、惰性的物理的事物。对于这种神秘的"生命冲动"，任何理性都是束手无策的；此时，只有依靠与生命本性相一致的"直觉"，才能完整地体察到整个宇宙生命的创化流行。

很显然，柏格森生命精神的论述具有强烈的唯心主义和神秘主义的色彩，这对深受科学主义熏陶的罗素而言，的确难以接受，但对于接受过悠久中华传统文化熏陶的方东美来说，无论是"绵延"与"流"，还是"生命冲动"与"直觉"，都只会让他感到亲切——毕竟，中国文化在很大程度上就是以"直觉""体悟"为特质的。《周易》所说的大化流衍、生生不息，庄子所描摹的绝世逍遥之游，禅宗所崇尚的神秘而曼妙的直觉体验，这一切的一切，都让方东美能跨越障碍，把握住柏格森生命哲学的真实意涵。

因此，方东美得出结论：罗素对柏格森哲学的批判在很大意义上乃是一种误解，因为英国缺乏直觉主义的传统，他很难进入柏格森思想的内部来解构它。其实，罗素对柏格森生命哲学的矛盾态度本身，就已经显示出罗素的困境——他一方面声称自己完全无法了解"绵延"的含义，另一方面却信心十足地批判柏氏的思想。要知道"绵延"乃是柏格森生命哲学的关键范畴。黑格尔曾经说过："不要把自己的无知当作一种证据来嘲笑别人。"对于我们无法了解的东西，应该保持基本的尊重和应有的敬意。而罗素恰恰犯了这方面的错误。

柏格森在阐释自己思想主张时所采用的方式方法同样让方东美心醉不已。柏格森酷爱文学，而对生命精神的关注，帮助他能更加细微地捕捉住心灵的每一丝颤动和每一朵火花。出于对直觉的信任，他往往放弃哲学界通行的要领法或抽象法，放弃理性和分析的努力，而是更多地采用感性美妙的语言，和柏拉图、培根式的言说方式，用充满色彩和比喻的华美辞章以及充满灵性的生命体悟来触动读者的心弦。例如，在批评科学主义的理性崇拜时，柏格森生动地比喻道："难道说太空的原子会因为盲目的互相撞击和排列组合产生秀色可餐的绿野和重峦叠嶂？一个大学二年级的学生也不会相信这种话呀！这是可笑的事，有人居然用复杂的语言和似是而非的公式来描述无穷宇宙的单纯的伟大。我的天哪！化学家们难道不睁眼看看那滚落在地平线的太阳和满天彩霞是多么灿烂、美不胜收啊！"

正是由于柏格森出色的语言技巧，特别是他对诗意灵性语言的出神入化的驾驭功力，使他荣获 1927 年的诺贝尔文学奖。在颁奖词中，瑞典皇家学院高度评价了柏格森生命哲学在批判传统哲学的理性主义机械论和决定论方面，在解放人类思想方面所拥有的巨大意义，并表彰他的《创造的进化》是"一篇震撼人心的雄伟诗篇，一个含蕴不竭之力与驰骋天际之灵感的宇宙论"，"他亲身穿过理性主义的华盖，开辟了一条通路。由此通路，柏格森打开了大门，解放了具有无比效力的创造推进力……向理想主义敞开了广阔无边的空间领域"。

在方东美眼中，柏格森是一位具有诗人气质的哲人。这恰好与方东美同样欣赏的另一位著名思想家、印度诗人泰戈尔形成完美的呼应——在方东美看来，泰戈尔乃是一位具有哲人气质的诗人。

或许是方东美本人也是一位感性而敏锐的思想家，抑或是因为方东美自幼文学才华就十分出众。总之，他对柏格森采用诗意的灵性语言阐释思想这一特点，不仅不像罗素那样苛责批评，反而"于心有戚戚焉"。观乎方东美后来的著作、演讲，或天马行空、灵气逼人，或妙喻连连、启人深思，颇有柏格森之遗风。

1922 年，方东美将自己研究柏格森思想的心得写成题为《柏格森生命哲学之评述》的英文硕士论文。该文以翔实的材料、严谨的学风、华美的语言、独特的视角，与柏氏之心灵遥相契会。他的指导老师，著名的柏格森、怀特海研究专家麦奇威教授读罢论文后，大加赞赏，认为方东美的论文不仅内容十分充实精彩，就连文笔也极为优美生动。教授还将此文递交系里其他教授和研究生传阅，半是夸奖、半是批评地说道："像这样的哲学文章，你们这些美国的研究生写得出来吗？"

非要学黑格尔哲学不可

在学习柏格森生命哲学的过程中，方东美越来越认识到德国古典哲学尤其是黑格尔哲学对生命哲学的影响。在一定意义上，生命哲学正是对 19 世纪中期的黑格尔主义和自然主义的一种反抗。黑格尔哲学推崇理性，自然主义强调因果决定论，这些都是柏格森极力批判的。柏格森主张应该从"生命"出发去讲宇宙人生，要用意志、情感和"实践"或"活动"来充实理性的作用。

为了彻底弄清柏格森思想的脉络，同时实现回归哲学之故乡的梦想，方东美决定趁硕士论文完成后的一段时间，好好研究黑格尔的思想。

这原本不是一件难事，因为方东美的指导老师麦奇威教授除了是柏格森、怀特海研究专家，还在黑格尔研究方面颇有建树。但是，不巧得很，20世纪20年代的美国，突然掀起了一场"提倡新实在论、反对黑格尔"的浪潮，美国哲学界一窝蜂地反黑格尔，方东美所在的威斯康星大学也未能幸免。

当方东美向麦奇威教授请教黑格尔哲学时，教授却闭口不谈；威斯康星大学哲学系师生想请麦奇威教授重新开设黑格尔哲学课程，他也拒绝了。按照他的说法，这叫"君子不二过"。当年讲黑格尔，已经是犯错误了，如今怎么能还犯老错误呢？

这样一来，反倒激发了方东美的独立精神和求真性格，他还就非要学黑格尔哲学了。方东美心想：此处不行，另有他处，干脆三十六计走为上，我到别的学校去学。他一调查，发现此时俄亥俄州立大学还有一位研究黑格尔哲学的权威雷敦教授，仍然在讲授黑格尔哲学。方东美决定转去俄亥俄州立大学。

方东美的想法倒是很单纯，没料想却差点造成两个学校的矛盾。两校都争着给他研究院奖学金。当时威斯康星大学哲学系的师生对方东美转投俄亥俄州立大学很不满，觉得方东美"背叛"了威斯康星大学。方东美辩解了半天，最后保证：只去一年时间学习黑格尔；一年之后，一定回威斯康星大学作博士论文。

就这样，方东美前往俄亥俄州立大学跟随雷敦教授研究黑格尔哲学。雷敦教授在研究黑格尔思想时，提出应该把"广大悉备性"作为真理的判断标准之一。这一点深深地影响了方东美。一年后，方东美觉得对黑格尔思想的重点和主要脉络已经摸清楚了，于是履行诺言，重新回到威斯康星大学哲学系。

回过头看看方东美的固执，不难发现这种"怪毛病"其实蕴藏着可贵的学术精神，那就是：不媚俗，不屈从，不赶时髦，而是保留独立的学术人格和客观的批判精神，用自己的眼光来分析和审视问题。只有具备这种品性的思想家，才能排除干扰、深造自得，才能做到"众人皆醉我独醒"，获得学问上的真知灼见。也正是在这种独立学术精神的激励下，当西方很多哲学家都声称已经"解构形而上学"，闭口不再谈"形而上学"之际，方东美却慧眼独具，仍然将形而上学当作研究的重心，并创造性地提出"超越形上学"，以与西方的"超绝形上学"相区分。

回到威斯康星大学后，方东美又用了一年时间苦攻新实在论，将詹姆斯、怀特海、罗素等人的著作本本精读，终于完成了博士论文《英美新实在论之比较研究》。

1924年，当方东美已经通过博士学位考试，正准备按照学校规定联系出版博士论文之际，阔别三年的国内友人和家人因急事频频催促他赶快回国。方东美只好打点行装，匆匆回国。由于当时威斯康星大学规定必须将论文正式出版，才能申请获得博士学位，所以方东美没有能够取得正式博士学位证书。

留学期间，潜心向学的方东美与同学、同胞交往并不多。但在回国前夕，他豪爽地在威斯康星包下一家著名餐厅，宴请哲学系全体老师和研究生同学。觥筹交错间，方东美回顾了三年留学生活。宴席结束后，方东美与师友一一互道珍重，然后登上回国的邮轮。

第 5 章

回 国 任 教

1924 年夏，方东美匆匆赶回中国。他之所以如此回国心切，固然是因为亲友催促，更是想要一展身手，将所思所学献给念兹在兹的祖国。

离 婚 风 波

还有一桩事情长期横亘在方东美的心头。此番回到故里，他便是想将这件事情做一个彻底的了断。没想到正是这个念头，让一向循规蹈矩、安谧宁静的"文都"桐城，掀起了一场轩然大波。

荒唐的"娃娃亲"

原来，方东美父母在世的时候，根据当时的风俗惯例，已经为他早早地订下了一门"娃娃亲"。要知道，当时的方东美还不到 2 岁。而且，按照奇怪而又荒唐的"亲上加亲"原则，方东美结的是"姑表亲"——他那未过门的妻子正是他的表妹。

古桐城所渗透的传统伦理道德的力量是强大的。对此，青年方东美也无法抗拒，只得与毫无感情的表妹盛氏成亲。结婚后，方东美感到更加痛苦，只有沉溺于知识的殿堂和思想的海洋才能让他暂时忘记现实的荒谬。但是，当他学的知识越多，对世界的了解越丰富时，他那敏感而富有激情的心灵就越无法容忍这桩包办的荒唐婚姻。而且，三年的留学生活，让他脑海中那刻板而规矩的家乡时时笼上了一层温馨的面纱，以至于产生了一个错觉：桐城已经变得通情达理了。于是，带着回乡的喜悦和对桐城的信心，方东美决心解除与原配盛氏的不幸婚姻。

国学大师的离婚风波

留洋回乡的方东美果然受到了桐城父老乡亲的热烈欢迎。一踏上故土，桐城教育界以及全城乡绅亲友便为他接风洗尘，隆重的庆贺会一连举行了三天。当时的国民党中央教育部和安徽教育厅也来锦上添花，将方东美与朱光潜、方仲斐三人评定为"国学大师"，并送来了喜报和证书。25岁的方东美一时间成为桐城家喻户晓的名人。

然而，方东美向桐城地方法院提出要与原配妻子盛氏离婚的消息传出来后，却引起了更大的轰动——这是桐城历史上的首例离婚案。其实，解除婚约的事情在当时已屡见不鲜，男人如果要抛弃妻子，随便找个"七出"的理由，一纸休书便可私下了断，没有人想过自暴家丑，去打离婚官司。但是，受过中西方高等教育的方东美，却坚信不幸福的婚姻才是真正不道德的，与不幸的封建包办婚姻决裂并不是一件丑事。

让方东美没有想到的是，几天前对他还赞赏有加、温情脉脉的桐城父老们突然变得很陌生：抚养他长大的二哥方义怀训斥他洋墨水喝多了，头脑发昏；为他开庆祝会的桐城县长吴佑三指责他："当了洋博士，便要数典忘祖吗？难道你忘了'贫贱之交不可忘，糟糠之妻不下堂'的古训？"

于是，荣归故里的哲学博士、国学大师一下子变成了千夫所指、众叛亲离的负心汉、白眼狼，只有他的二嫂疏毅芝——一位有思想的新女性，还能支持他、理解他。

面对来自家族和社会的指责与抨击，方东美始料未及，同时感到痛心和失望。这时，他才真正体会到当年王光祈的心情。但是，作为一位曾经投身于五四运动的少中会干将，一位对生命的价值问题有过深刻思考的年轻哲学家，方东美虽然由于不被人理解而感到痛苦，但并没有因此退缩。他干脆拿出了当年不顾世人批评而钻研黑格尔的劲头，坚持提请法院公开审理他的离婚案。

1924 年 9 月 13 日开庭那天，旁听这桩离婚案的人来得太多，以至于狭小的法庭容纳不下。亲自担任审判法官的县长吴佑三命令改在县衙门前广场露天审理。原告方东美及其委托人二嫂疏毅芝在众人的谩骂和攻击中，开始了艰苦的辩论。正在此时，被起诉的一方方东美的原配妻子盛氏中途离开，爬上东门外钓鱼台山顶，声称要是法庭判决她和方东美离婚，便跳崖寻死。于是，审判变成了一场闹剧，最后不了了之。

深深感到悲哀和无奈的方东美，第三天就愤然离开他生活二十余载的桐城，踏上了异乡的旅途。他怎么也想不到的是，这一走竟然是他与桐城的诀别。也许只有在午夜梦回时分，他才能重新回到那个书香四溢而又温情脉脉的故乡吧。

踏 上 杏 坛

初教于武昌高师

身心饱受打击的方东美溯江西行，来到江城武汉。在这里，他遇到了同乡好友朱光潜。此时的朱光潜正在武昌高等师范（武汉大学前身）任教。他乡遇故知，两人都很高兴。朱光潜得知方东美留学归来、暂时没有工作后，便邀请他留在武昌高等师范任教。

武昌高等师范对于引进教师很慎重，也很严格，形成了一个独特的学术传统，那就是每一位新进的教师，必须"过三关"，才算是真正获得了留下来的资格。"三关"分别是：要发表一场公开的学术讲演，要写一篇论文登在校刊上，要接受全校师生的公开轮流考问。细细想来，这三关设置得还很合理，既考了语言表达能力，又考了学术研究能力，还考了知识面和机智。能够过得了这三关，想必也就不至于误人子弟了。反之，通不过这三关的，任你名声再大，也只好卷铺盖走人。看似苛刻的考试反而激起了方东美的斗志。正所谓"艺高人胆大"，方东美凭借着出众的口才、扎实的学问功夫和广博的知识，居然破纪录地在一日之内连闯三关，顺利通过考试，被聘为哲学教育系副教授，传为全校的佳话。

此时担任武昌高等师范校长的是湖北怪杰之一的石瑛先生。石先生是同盟会的老会员，担任过众议院议员、南京市市长等多职。他很重视教育，曾经赴英国学习采矿冶金，获得博士学位，回国后相继任北京大学教授和武昌高等师范校长。任校长期间，他当选为国民党第一届中央执行委员。在石瑛校长的大力延请下，武昌高等师范一时人才济济。1925年春，武昌高等师范更名为武昌大学。3月，熊十力先生应石瑛校长之邀前来任教。方东美和熊十力这两位被并称作"南北二妙"的现代大哲学家也由此得以认识订交。

与熊十力、梁漱溟等新儒家大师一样，方东美的思想体系也是融合中国文化、西洋文化和印度文化的产物。不过，与不谙英文的熊十力和梁漱溟相比，方东美在对西洋哲学的理解和把握上具有更大的优势，他自言青年时期的学术兴趣在西洋哲学，并曾留学美国三年，先后完成硕士论文和博士论文。也因为如此，他在武昌高等师范主要讲授西方哲学。

尽管方东美在武昌高等师范任教的时间不长，但这毕竟是他事业上的"初恋"，对他而言有着重要的意义。自从在这里踏上杏坛，方东美便开始了长达五十多年的教师生涯。晚年的他在回忆起自己的一生时，对武昌高等师范的往事仍然历历不忘。

执教东南大学

或许是受当时风云变幻的政治局势影响，1925年夏，在武昌高等师范任教一年后，方东美离开武汉，前往沪宁。

这年的9月，方东美在上海左舜生的寓所目睹了让他撕心裂肺的一幕——承载着自己青年时期热情和梦想的少年中国学会分裂解体。尽管方东美早已觉察到少中会内部存在危机，但他仍希望用少中会成立时的纯洁消弭分歧，重归团结。他固然不赞同李大钊、邓中夏等会友宣扬的共产主义，但也同样不支持青年党的国家主义——1924年10月，左舜生、曾琦、张梦九、陈启天等创办《醒狮周报》，鼓吹国家主义，方东美婉言拒绝加入醒狮社。然而，方东美试图保持少中会非政治性的努力失败了。其实这是必然的。当国家和民族的命运越来越真切地压在这些人的肩上时，政治显然比文化要更具有优先权，"主义之争"正反映了这种变化。方东美之所以仍旧坚持纯洁的、学术的立场，一方面与他笃志学问、不喜党争的性格爱好有关，另一方面恐怕与这风起云涌的几年中他留学异邦的经历有很大的关系。

1925年9月，方东美黯然神伤地离开上海，来到自己曾经度过大学时光的南京，任东南大学教授。此时的他不过26岁，所以自嘲为"毛头小教授"。同方东美一起来到东南大学的，还有罗家伦、梁实秋等人。

方东美在东南大学主要讲授西方哲学和逻辑学。当时，同学们中间流传着这样一首歌："方东美，谁说不美！Logic，如何能克？"原来，此时北伐战争正进行得如火如荼，同学们的心思全都被北伐的进程、国家的命运牵住了，能够真正静下心来专心读书的并不多。对于中国学生来说，逻辑学本来就很难；而受过西方学术严格训练的方东美更是一板一眼地细细讲来，绝不权变苟且、高抬贵手。所以，同学们都觉得方东美讲的逻辑学课内容十分高深，大家都害怕考逻辑学。

方东美这一时期的学术兴趣集中在"科学与玄学"问题上。1923年，中国学术界曾经进行过一场影响很大的"科学玄学论战"。这年2月，张君劢率先发起论战，发表了题为《人生观》的演讲稿，指出：科学与人生属于不同的领域，科学作用于自然现象，受因果律支配；人生观不是自然现象，而是社会现象，不受因果律支配。因此，他得出结论：科学不能支配人生观，人生观受自由意志支配。4月，丁文江发表《玄学与科学——评张君劢〈人生观〉》一文，批评张君劢的观点，主张科学万能，科学方法是普遍适用的，科学可以支配人生观。随后，梁启超发表文章支持张君劢，形成"玄学派"；胡适发表文章支持丁文江，形成"科学派"。

双方的阵营越来越大，论战的规模也一再扩大。再到后来，以陈独秀、李大钊、瞿秋白为代表的马克思主义者也发表文章，形成论战的第三方——"唯物史观派"。这场"科玄论战"持续半年多时间，集中反映了第一次世界大战结束后西方文化的危机和中国知识界在选择中国发展道路上的困惑与探索。"科玄论战"发生时，方东美尚在美国，无法亲自参与论战。回国后，他阅读了论战各方的文章。尽管此时论战已偃旗息鼓，但论战所揭示的主题仍深深触动着他的心灵——这和他在与罗素交流时论及的话题，以及他始终关注的生命问题如出一脉。

教授抬棺游行

1927 年，方东美离开东南大学，来到中央政务学校任哲学教授。中央政务学校是由国民党中央党部创办的一所大学（后更名为中央政治大学），由蒋介石亲自兼任校长。方东美之所以来中央政务学校，与罗家伦有关。1925 年，罗家伦同方东美一同去东南大学。罗家伦一向对政治感兴趣（他后来当过中央大学校长、清华大学校长），所以当中央政务学校创办时，他就离开东南大学，转到中央政务学校当教授。到了政务学校后，罗家伦又邀请方东美到学校来。方东美拒绝道："关于政治之事，我们两人立场不同。至于党务学校，多多少少是为国家造就政治人才而设，应该去找那些政治兴趣真正浓厚的人参加才相宜。"但罗家伦毫不气馁，一再鼓动方东美。在这方面，方东美不是一个有主意的人，觉得老朋友的盛情难却，不好推脱，只得答应。

到中央政务学校没多久，一心远离政治的方东美却鬼使神差地成为一桩政治事件的主角：此时，国民革命军北伐到南京，国民党内部出现了分裂，即所谓"宁汉分裂"。时任革命军总司令的蒋介石被迫下野，李烈钧成为当时南京国民政府临时负责人。南京各派别在矛盾日益尖锐的情况下，纷纷呼吁请蒋介石复职。由蒋介石亲任校长的中央政务学校更是一马当先。在陈果夫等人的鼓动下，中央政务学校的学生举行游行，高呼"打倒西山会议派""改组国民政府"的口号，并一同前往南京国民政府请愿。游行学生遭军警阻拦，交涉不成，激动的学生们高呼"让国民政府主席李烈钧下台"。李烈钧恼羞成怒，竟然下令军警向游行队伍开枪，结果当场打死两人，中央政务学校学生袁大煦受重伤，不治身亡，另有受伤者七十余人。这就是"一一·二二"血案。

李烈钧的暴行将中央政务学校师生们彻底激怒，连不太关心政治的方东美也怒发冲冠。11月23日，方东美与谷正纲、段书贻三位教授抬着袁大煦的棺材游行请愿，全校学生列队跟在后面，一起前往国民政府抗议。方东美等人把棺材放在国民政府的大门口，然后一起在门外喊口号，终于迫使李烈钧于第二天宣布下台。

在中央政务学校的生活并没有让方东美感到愉快。他负责讲授近代西洋哲学。当时，政务学校的办学条件非常恶劣，选上近代西洋哲学课的三百零八个同学挤在一间大教室里，又没有麦克风。每次，方东美只能扯着嗓子喊着上课，堂堂大学教授上课，居然成了力气活。不仅如此，中央政务学校给老师的工资也不高。为了生活，方东美只好到母校金陵大学兼任哲学教授。不过，这也给了他回报母校的机会，并让学弟学妹们能够一睹昔日金大风云人物的风采。苦熬了两年后，方东美带着中央政务学校给他的"礼物"——气喘病——离开，按照他的说法，叫"设法逃了出来"。经过比较，方东美还是喜欢当年在东南大学工作的氛围，于是重新回到东南大学。不过此时的东南大学已经更名为中央大学。

结　婚

中央政务学校时期的生活也并非一无是处，1928 年，方东美找到了真正的爱情，与高芙初女士在上海缔结良缘。

高芙初是一位秀外慧中的大家闺秀，受过当时上海最进步最完整的西式教育。她读书的上海中西女校，是当时最著名的女校之一，宋庆龄、宋美龄姐妹正是毕业于此校。该校早期的教材除文言文是汉语以外，其余全都是英文版，跟英美学校的教材一样；在教学方法上，中文课程讲汉语，西学课程讲英语；西学包括算术学、理化与自然科学，还有圣经，并开设琴科、家政等课程。高芙初在中西女校培养了端庄典雅的气质以及深厚的文学修养和绝高的写作才华。她在少儿英语教育方面作出过很多贡献，后来又在台湾大学外文系任教。

方东美和高芙初喜结连理时，新郎 29 岁，新娘 22 岁，真可谓郎才女貌，一对珠联璧合的佳偶。结婚后，高芙初与方东美风雨同舟、患难与共五十年，给了方东美一个温馨和美的家，先后抚育了三男二女五个孩子（其中小女儿在躲避日军战火时不幸夭折）。

高芙初始终默默支持方东美的事业：当方东美产生精妙想法，希望炫耀一番时，夫人总是最好的听众；当方东美完成一部作品时，夫人总是最忠实、最严谨的审校者；方东美数百万字的皇皇巨著，几乎都是夫人用两只手敲击成铅字的；当学生来家里向方东美求教时，她总是像慈母一般和颜悦色、照顾茶点，却从不干涉他们的谈话，哪怕师生谈玄论道直至通宵。

可以说，高芙初以蔼蔼坤德成为方东美的贤内助和知音。她舒缓了方东美的紧张与浮躁，在很大程度上成就了方东美的伟大。只有在夫人面前，方东美才能彻底放松自己，无拘无束地展露孩童般的天真本相。于是，朋友、同事、学生眼中严肃、刚正、不苟言笑、不易接近的哲学教授，在高芙初看来却透着几分天真的"傻气"。因为，只有她完整真切地了解方东美的直率、天真和纯朴。下面是高芙初的一段回忆文字：

> 我深深记得在写完短序和一篇《深夜电话》后念给东美听时，他高兴得开怀大笑，一定要我录音下来。拗不过他，于是我念他录。我声音念低了，他就笑着说："你吃了饭没有？"这一句话和笑声也被录进去了，于是我们又大笑。以后我们常常听那卷录音带，听到我们自己的笑语声，又大声傻笑。他每次都说，这些绝对不许我发表，可是看他脸上的表情，似乎他自己也觉得很有趣，也很好笑。

从这段文字中，我们发现了另一个方东美，一个风趣可爱、充满了笑声的方东美。而这，正是高芙初所成就的一个活生生的人。

重回中央大学

1929 年，刚好到而立之年的方东美携妻子重新回到中央大学（原名东南大学）。方东美主要给学生开设两门西方哲学课程,一是人生哲学,一是西洋哲学史。

方东美的课堂很有特色:他上课一无讲稿,二无提纲,讲课的知识全记在他的脑子里呢。随着他带着淮河平原地方口音的声音回荡在教室中,授课内容也被整齐地板书到黑板上。一堂课下来,黑板上留下的板书本身就是一篇逻辑严密的文章。方东美长期研究西洋哲学,又留学三年,并苦读过黑格尔哲学,深受西方学术界的研究规范熏陶,形成了注重逻辑、严格推理的治学风格。新中国成立后,人们在整理原中央大学藏书时,发现中大哲学系资料室所藏的英文版柏拉图全集、亚里士多德全集的空白处,都有方东美留下的铅笔眉批。

严格说来,此时的方东美从教不过几年时间,主要还是受西方的影响,还没有形成后来的那种恣意酣畅、天马行空、轻灵洒脱的教学风格。这一来就苦了选课的学生。对学生来说,上方老师的课一点也不轻松,因为方东美从来都不苟言笑,也不讲半句题外话,从头到尾都是逻辑周严的推理和客观平实的引介,不像其他老师经常讲些幽默笑话可以放松。然而,让学生们感到很矛盾的是,就是这些上起来很累很苦的课程,每堂课"摧残"下来后,却又都让人受益匪浅;而大家的逻辑思维能力也在无形中得到提升。权衡利弊,同学们只得继续这样"痛并快乐着"。于是,方东美的课堂经常座无虚席。

也正是从这时起，方东美遇到了他早期的一个重要弟子——唐君毅。1928年，唐君毅由北大转学到中央大学（此时还叫东南大学）哲学系学习。1929年，二人结识。不过，当年9月，唐君毅便休学回家乡四川宜宾协助父亲在乡里办学。方东美很看好这个读书种子，临行前，方东美特意为他列了一份囊括三百多本西洋哲学名著的书目，要他边教学、边自修。1932年，唐君毅回到中大完成学业，并留校任助教。师徒二人经常切磋辩难。方东美直言："在思想途径上，君毅与我不同；然不碍师弟友谊。"而唐君毅则屡次告诉他人："中国人中真正搞通西洋哲学的，只有方先生！""当世能通透东西哲学者，吾师以外亦无第二人！"

早期的学术研究

从1924年回国到1937年全面抗战爆发，是方东美消化西方哲学思想，并开始以比较文化学、比较哲学的视角审视东西方文化的时期。这一阶段，方东美完成和发表了一系列重要哲学论著。在这些著述中，生命的体悟、诗意的抒发与哲学的沉思交相辉映，而方氏哲学体系也开始初见规模。

《科学哲学与人生》

早在执教东南大学时期，方东美就对几年前爆发的"科玄论战"充满兴趣。1927年，利用在中央政务学校开设近代西洋哲学课的机会，方东美将自己对此问题的思考整理出来，完成了《科学哲学与人生》一书的主体部分（前五章）。全书由上海商务印书馆于1936年2月出版。

此书是方东美对西方哲学的第一次总结，他自述写作该书的目的在于揭示西洋思想中所潜藏的哲学意趣：首先，开宗明义，推论哲学思想的成因与功能，并为宇宙观和人生观确立基础；其次，主要介绍古希腊思想的发展，尤其是古希腊宇宙观的特点及其对希腊文化与人们生活的影响；再次，分析近代欧洲思想的是非得失，探寻物质、生物及生理科学的理路，揭示其中的哲学含义；最后，论断古希腊与近代欧洲两种不同的生命精神，并希望能够融摄科学、哲学与艺术的思潮，建构一种统一的理论文化结构。

通过系统分析西方哲学文化的发展进路和短长得失，方东美形成了自己对科学与人生观关系的看法。

方东美不同意"科玄论战"各方将科学对应于自然现象、人生观对应于社会现象的简单做法，主张应该跳出自然与社会的二分对立，从人生意境出发。人生意境由"理"

和"情"两大要素构成，二者"相与浃而俱化"，构成生命活动的内容和哲学的对象。他说："治哲学者得了境的认识，当更求情的蕴发。"哲学既要探寻人生意境中属于时空方面的理，又要抒发人生意境中属于价值方面的情，也就是要"衡情度理"。前者即"穷物之理"，后者即"尽人之性"。所以，哲学的任务正是"纵览宇宙理境，发舒人生情蕴"。方东美所谓的"理境"，约略类似于宇宙的自然客观知识；所谓"情蕴"，则是人们对于宇宙人生的价值意识。一旦确立了这一立场，我们就会发现"情"和"理"并非两截，宇宙自身便是情理的连续体，而人生实质上正是情理的集团。用他的话来说："我们识得情蕴，便自来到一种哲学化的意境，于是宇宙人生之进程中不仅有事理的脉络可寻，反可嚼出无穷的价值意味。诗人抚摹自然，写象人生，离不了美化，伦理学家观察人类行为，少不了善化。我们所谓情的蕴发即是指着这些美化、善化以及其他价值化的态度与活动。"

为此，他对"科学派"和"玄学派"的观点都提出批评：

就"科学派"而言，方东美认为他们的错误在于混淆了"科学"和"科学主义"："'科学'是宝贵的，但'科学主义'却是要不得的"。因为"科学主义"是将科学泛化，运用自然科学的方法研究哲学与人生，结果导致"哲学问题被化解成数量质"，见"物"不见"人"。这正是近代欧洲哲学的一大弊端。方东美尖锐地指出："这种见解简直是把创进的宇宙当作钝滞的物质，活跃的人生当作死沉的僵尸。推原其故，都是因为 18 世纪以前的学者醉心数学的方法，遂不惜硬将宇宙人生进展开拓的现象一笔抹杀。"

就"玄学派"而言，方东美认为他们的错误在于夸大了科学与人生之间的差异，在两者中间画上了一条不可逾越的鸿沟。所以，方东美不赞同"玄学派"取消"理智"来谈人生观的做法，主张发挥生命的不断创进的欲望与冲动，将"理"与"情"融贯为一体。

当然，需要指出的是，尽管方东美将"情""理"并举，但他关注得更多的还是"情"。他说："情、理虽是一贯的，然从其属性上看起，却可分辨清楚。生命以情胜，宇宙以理彰。生命是有情之天下，其实质为不断的、创进的欲望与冲动。"而这，正是人类生命活动的本质意义所在。换言之，"境的认识"并不构成目的，归根结底它还是要服务于"生命之创进"、服务于"情的蕴发"。在方东美看来，人类之所以高贵，之所以能"生生不息"，正在于人生是"有情之天下"，人类总是向往和追求美与善的价值理想。

方东美的这一思想明显带有柏格森生命哲学的印记。当此思想提出时，"科玄论战"早已结束，但仍引起学术界的广泛关注。现代著名思想家、法学家吴经熊博士说："我首次注意到东美先生在学术上的成就，是在民国二十五年；其时他的《科学哲学与人生》一书初出，学界友朋，交相推重，我仔细读之，但觉清新俊逸，圆融恰当，为国内所仅见。我意东美先生虽未参加早先喧嚷甚热之'科学与人生观问题论战'，然此书一出，实为对上述问题之综合答复，而境界之高妙，烛照之周详，固尤非当时参加论战诸时贤所能及。此为我所见东美先生理智过人之一面。"

《生命情调与美感》

1931 年，方东美在中央大学校刊《文艺丛刊》第一卷第一期（创刊号）上发表了论文《生命情调与美感》。

在这篇洋溢着诗意与美感的奇文中，方东美从空间、生命情调、美感的角度比较了古希腊文化、近代西方文化和中国文化这三种典型文化。之所以采用此视角，是因为"民族之美态感，常系于生命情调，而生命情调又规抚其民族所托身之宇宙"。宇宙空间乃是一种文化的基本符号，一旦把握住该符号，便可以在众多掩盖物中抽绎出其所代表的文化。

文化是空灵的，一味用哲学上的抽象思想或艺术上的特殊理论去探寻文化，犹如牛嚼牡丹，不免有些大煞风景。于是，方东美拿出诗人的情怀，以"坐客"之幽情，鉴赏乾坤戏场中的几出生命诗戏。且看他比较古希腊、近代西方、中国的三种生命情调：

戏中人物：希腊人；近代西洋人；中国人。

背景：有限乾坤；无穷宇宙；荒远云野，冲虚绵邈。

场合：雅典万神庙；葛特式教堂；深山古寺。

缀景：裸体雕刻；油画与乐器；山水画与香花。

题材：摹略自然；戡天役物；大化流衍，物我相忘。

主角：爱婆罗；浮士德；诗人词客。

表演：讴歌；舞蹈；吟咏。

音乐：七弦琴；提琴，钢琴；钟磬箫管。

境况：雨过天青；晴天霹雳；明月箫声。

景象：逼真；似真而幻；似幻而真。

时令：清秋；长夏与严冬；和春。

情韵：色在眉头，素雅朗丽；急雷过耳，震荡感激；花香入梦，纤馀蕴藉。

在方东美看来，作为希腊文化之符号的宇宙乃是有限形体，其构造单位为具体物质，其纵横格局为有限空间。作为西洋文化之符号的宇宙则是无穷境界，其物质、时空、数论等观念几经变更，已逐渐脱离具体形态，而近于抽象理想。

作为中国文化之符号的宇宙得二者之长，以有限形质而兼无穷"势用"，其物质、时间、空间等观念看似具体，实则玄虚，其发为功用，往往"遗有尽而趣于无穷"。

方东美又举道家、儒家、杂家三者，展开论列中国文化的宇宙特质和生命美感，特别强调原始道家和原始儒家能参透万象而得其妙用，朗显艺术之空灵意境。所以，对于中国文化和生命美感，必须于"诗意词心"中求之。他曾描绘此情形："尝忆春日踽踽独行西湖九溪十八涧中，目染花痕，耳闻莺声，心满情愁，神滋意想，自觉穷天地之极际，亦不足以位我一人，然身在两山深处，又不觉其境之狭小，盖当是时吾所寄托者，非物质之界限，乃情绪意想所行之境耳。是知中国人之空间，萦情寄意之所也，是亦一无穷矣。"此种写法，让我们颇感亲切——这恰如用柏格森的文笔来描摹中国文化的神韵。

方东美的语言之美在这篇论文中展示得淋漓尽致，试举他描绘希腊神话一段为例："希腊民族秉性懿美，其神话往往饶有诗意，而水仙之传说尤隽妙无与伦比。少年有名娜瑟散士（Narcissus）者，清明强毅，绰约多姿，居恒奇迹山林，游猎为乐，环而羡之者皆天仙绝色，独回声（Echo）仙媛缱绻多情，尤称心焉。一日行猎途中，困于烈日，乃就芳菲池畔少憩，俯视忽见涟纹濯影，娅姹玲珑，自觉芳姿雪艳，娇丽融景，俯仰对鉴，怡梦怜怂。无何，随缘幻化，遂成一朵水仙，娉婷直立，随风舞影，临水散香，令人曼羡不置云。"典雅曼妙、清丽脱俗的空灵文字，恰可以与"诗意的生命情调和美感"这一主题如合符节、相映成趣。

《生命悲剧之二重奏》

1936 年春，中国哲学会南京分会成立。在成立大会上，方东美发表了《生命悲剧之二重奏》一文。文中，方东美根据萧伯纳所言的"生命中两种悲剧：一种是不能从心所欲，另一种是从心所欲"之说，将西方文化进行了概括，认为早期的西方文化，即古希腊人的那种波澜壮阔的生命情调乃是"从心所欲的悲剧"，而近代以来欧洲人的那种低昂天地、忧心如捣的生命精神则是"不能从心所欲的悲剧"。会议的当天还有一个小花絮：在方东美宣读完论文后，金岳霖接着宣读论文《科学方法与逻辑》。因为天气寒冷，那天金岳霖穿了一件厚重的皮大衣来开会。到了会场，室内生了火炉，很暖和，就得脱下大衣；但要出门去，就又得穿上大衣。所以，金岳霖宣读完论文后，拿起自己的皮大衣打趣道："这便是生命悲剧的二重奏！"

四十年后，方东美在台北告别杏坛。回顾前尘往事，他不由得百感交集。在他看来，自己一生的命运，其实也是一出"不能从心所欲"的悲剧：他不喜欢美国，然而命运偏偏注定要他留学美国；他不喜欢大城市的繁华喧嚣，只希望能找一处山明水秀的小城镇潜心治学、教书育人，然而命运偏偏注定要他与大城市结下不解之缘——南京、武汉、重庆、台北，这些大城市都留下了方东美的足迹。

《生命悲剧之二重奏》一文有这样一段话："老鹰孤寄长空，但求截取断云，在辽阔的学海里留下几点轻痕而已。"虽只有寥寥数语，却传神地刻画出方东美平生志学的风格，可以看作是他述学言志的简短自传。对于其中的意蕴，方东美的弟子孙智燊揭示得颇精彩："老鹰孤寄长空"寥寥六字，以具体的意象，构成了一幅鲜明生动的画面——"老鹰"一词，象征豪放、挺峙、苍劲、刚健、锐利、矫捷、腾冲超拔与精神高致等。"孤"字写活了方东美性格中崇高峻伟的一面；这并不是一般泛泛所谓的"自负其志"，而是真正的"高尚其志"。轻轻一个"寄"字，下得笔力千钧，写活了、写尽了方东美的愿力宏伟，他的苦心、悲心、慧心，透过个体的有限生命，完全寄托到时空无穷的宇宙无限生命之中了。所谓"长空"，更是传神妙喻，意味深长，象征宇宙生命之无限性，别具意象空灵高致之美。能从这数语中提点出方东美思想的精义，真可谓"知师莫若徒"，孙智燊不愧为方东美的知音。

《哲学三慧》

1937 年，方东美出席南京中国哲学会第三届年会，在会上发表了著名的《哲学三慧》一文。该文于 1938 年 6 月 19 日在重庆版《时事新报》副刊《学灯》上刊出。

《哲学三慧》的篇幅精短，不过一万二千余字，原本打算作为《生命情调与美感》一文的一篇长序，后来干脆独立成篇。该文在语言形式上吸取了佛经的风格，体例近似莱布尼茨的《单子论》和维特根斯坦的《逻辑哲学论》，例如：

4.1 希腊如实慧演为契理文化，要在援理证真。

4.2 欧洲方便巧演为尚能文化，要在驰情入幻。

4.3 中国平等慧演为妙性文化，要在挚幻归真。

《哲学三慧》继续了《生命情调与美感》的文化比较风格，综论希腊、近代欧洲和中国这三大智慧类型与文化体系，不仅以整体观考察古希腊理性精神与哲学、艺术，还考察了文艺复兴以来西方近现代哲学思潮，并把前述西方思想文化与中国思想文化在整体上加以比较，认为中国文化所主张的"广大和谐之道"，正是克服西方文化"主客二元"弊端，解决其"超绝"之虚幻的"解药"。文中，方东美信手拈出"契理""尚能""妙性"三词，准确点出古希腊、近代欧洲、中国三大文化体系的精神特色。三大文化最后指向

"三慧一如",而"超人"则是其理想人格,即所谓"全德完人",体现上乘人生智慧与理想。

《哲学三慧》篇幅虽短,却是了解方东美治学趋向和思想发展的关键之一,可以看作他的早期思想向中期转折的分水岭。从"承上"来看,无论行文风格,还是气度内涵,均较十年前的《科学哲学与人生》一书有质的飞跃;从"启下"来看,此文为他中期以后的主要著作奠定了基础。

文章发表后,士林争相传阅。大哲马一浮先生读罢大为赞赏,并通过熊十力先生与方东美结交。香港中文大学哲学系主任陈特博士初读此文,敬佩至极,感叹说:"此文非出入中西哲学二三十年、深造有得者,不能道出!"而此时的方东美年仅 36 岁。法国哲学史家奥布瑞安在《近五十年来之中国哲学:一八九五——一九五○》一书中写道:"但凭《哲学三慧》一文,著者方东美即可为后世珍怀(而不朽)。"

第 6 章

抗 战 时 期

就在方东美醉心于中西方文化的迷人天地之际，一场重大的灾难降临到中国头上——1937 年 7 月 7 日，日本军国主义悍然发动全面侵华战争。"一寸河山一寸血"，方东美虽然没有投笔从戎，却用满腔热血和手中的笔与侵略者进行殊死的抗争。

抗 战 情 怀

《中国人生哲学概要》

1931 年"九一八"事变、1933 年《塘沽停战协定》、

1935年《何梅协定》……日本帝国主义全面侵略中国的狼子野心已经暴露无遗，侵略者套在中国脖子上的绞索越来越紧。面对国家危亡的严峻形势，方东美再也不能沉默了。1937年4月，应国民政府教育部之邀，方东美通过南京中央广播电台，向全国大中学生"倾心谈论中国人生哲学"。为什么要在国难当头谈论中国人生哲学呢？原来，方东美认为文化乃是一个民族的根。在中华悠久历史中，有许多先哲培育、弘扬了中国文化的伟大精神，并用它来战胜种种艰难险阻。因此，方东美希望通过一系列的演讲，介绍中国先哲的人生哲学，以中华文化的伟大精神来鼓舞全国青年自尊自信，与日寇作生死搏斗。

当年的4月8日、10日、13日、15日、17日、20日、22日、24日，方东美先后作了八次演讲，每次二十分钟。全部演讲稿随即由《广播月刊》刊布，并于同年夏季由上海商务印书馆以《中国人生哲学概要》为名结集出版，免费分赠给全国中学生。

在八次演讲中，方东美首先追怀中国先哲，疾呼："他们遭遇民族的大难，总是要发挥伟大深厚的思想，培养溥博沈雄的情绪，促我们振作精神，努力提高品德；他们抵死要为我们推敲生命意义，确定生命价值，使我们在天壤间脚跟站立得住。"接着，方东美逐一介绍了中国先哲的宇宙观、人性论、生命精神、道德观念、艺术理想和政治信仰。最后，演讲落实到"现代中国青年所负的精神使命"。

什么是现代中国青年所负的精神使命？

方东美首先提点出"哲学"的价值，他大声疾呼："有谁敢说，中国人不是最哲学的民族？更有谁敢说，中国民族的患难不能发挥哲学的精神以求解除？"接着，他讲了一个寓意深刻的故事："相传有一位多情的青年，热恋另一位聪明的美女，不久爱情成熟，两人便结合了。后来他的夫人满怀智慧结成胎儿。这位青年一方面爱慕夫人的智慧至于五体投地，他方面又渴望佳儿之诞生，真像蚂蚁走油锅似的迫不及待，于是忽生妙计，想把他的夫人一口吞下去，一面想着，一面竟把夫人及其智慧所郁结的胚胎吞下去了，过些日子，果真自己也怀起孕来，居然从头脑里面产出一个宁馨佳儿。美妙的人生哲学可譬作中国民族的胎儿，假如诸位真正酷爱我们民族，何妨乘着一股热情，也把中国民族智慧所结成的哲学吞下去，将来诸位在思想上当不难自己怀孕，产下伟大的哲学来呢。这是我的预言，同时也是我的希望，切盼诸位早把这项好消息报告我。"

在这个故事中，聪明的夫人正是指中国古代的先哲，他们以自己的生命与情感孕育出中华民族的精神智慧。那么，我们现代人是否能坐享其成呢？方东美的答案是否定的。他说："古人的思想只是古人的，他们有他们的生命，他们有他们的问题；我们有我们的新生命，我们也自有我们的新问题。思想是有创造性的，一味因袭，便失其真价值。古人的思想无论如何优美，只能拿来做种子，种子之可贵在发育新芽，生生无已。"这就好比一户人家有良田百亩，精心耕种一年，大获丰收，产下几百担谷子，装满了粮仓；但倘若这户人家的子弟因此得意自满，从此不再播种耕耘，只是一味仰仗粮仓的余粮作为衣食之资，结果只会是破落贫困。

针对中国当前面临的危机，方东美呼吁广大青年不要惊恐，更不要颓废下去，要对我们的民族、对我们的文化充满自尊自信心。因为中华民族是伟大的，"中国先哲人生哲学的回声，仍旧在长空中盘旋激荡"，"只消我们民族天才再能涌出一种滔天的思想新潮，便可把那些外来的侵略恶魔逐渐扫荡净尽，使我们重在光天化日之下，发见我们民族固有的精神生命"。祖国的可爱山河历来是产生天才的园地，历史上的先哲们，那些大哲学家、大艺术家、大政治家、大道德家等等，都是在这块国土上产生的；将来还会有更多的各色各样的大人物在这里诞生，怎能让敌人在这块可爱的领土里面横行无忌！所以，对于祖国边疆上敌人的挑衅侵略，青年们直接的使命是要执干戈以卫祖国，要誓死不屈、决不妥协，在物质战争、物力战争、兵器战争上，先作第一步的抗战。此外，作为进一步的长久之计，青年人还应该努力发奋，争做精神战争中所向无敌的文化战士。因为"近代国际争端绝非一瞬一刻所能判分胜负，除非在科学、哲学、艺术、政治及一般文化上，先取得绝对优越的精神胜利，是不能令敌人退却的"。最后，方东美说道："追忆过去，我们先哲已有了意义丰富的人生哲学；审度现在，瞻望将来，我们必须启发更伟大的哲学思想新潮，使我们所处的宇宙，价值愈益提高，我们所有的生命，意义更加扩大。这便是现代中国青年人人应负的精神使命！"

方东美激情澎湃的演讲和感人肺腑的呼吁，对于抗战时期振奋民心、鼓舞广大青年自尊自信自强，用枪炮和文化这两大武器保卫祖国、挺立民族精神，产生了极大的影响。

几十年后的当代中国青年读到此书，还建议干脆改名为《方东美告中华民族书》：因为它的内容比《费希特告德意志民族书》要更加高明、高尚；它深入而浅出，浅显到中学生能懂，高深到对贤哲有用；它对于中国人认识自己民族和文化的帮助尤其大。

方东美与蒋介石

方东美与蒋介石二人初识于中央政务学校。当时方东美被好友罗家伦鼓动，从东南大学转到中央政务学校；而中央政务学校此时的校长正是蒋介石。当然，蒋介石贵人事多，"校长"一职乃是兼任，加之方东美一直对政治持"敬而远之"的态度，二人打交道并不多。"一一·二二"血案发生后，方东美抬棺游行，与其说是呼唤"重新起用蒋介石"，不如说是激于义愤。不过，这也让蒋介石注意到这位年轻而有威严的教授。

后来西安事变爆发，通过国共两党协议，蒋介石获释。获释后的蒋介石回到故乡浙江奉化溪口镇调养，但仍感到心绪难平。这时的蒋介石想到了昔日同僚、时任中央大学哲学教授的方东美。于是，蒋介石写信给方东美，诚意拜比自己小十二岁的方东美为师，向他学习中国传统哲学。方东美既感于蒋的礼贤下士，同时也希望中国的领导人多了解一些自己民族的哲学文化，所以打算答应，还专门为此准备了一件长衫。不过，恰逢方东美有腰伤在身，行动不便，最终无法成行。

1937 年 7 月 7 日，卢沟桥事变爆发，中华民族到了面临亡国灭种之难的关键时刻。7 月中旬，蒋介石在江西庐山主持军事会议，商讨对敌之策。期间，蒋介石特邀请方东美与会。方东美即席起立，发表了三十分钟的演讲，力陈民族精神与文化命脉的重要性，呼吁奋起抗战，慷慨激昂，声泪俱下，与会人员皆为之动容。多年后，一位亲历此景的与会者回忆说："东美先生悲智双运之情操，已在我心中留下不灭之印象。我深深觉得东美先生理智明晰之一面固足服人，而其情感丰富之一面，亦足动人也。"

此后直至东赴台湾，蒋介石多次向方东美请教中国哲学，以弟子礼事方先生，听他讲《易经》、王阳明和辩证法哲学。方东美则以国民对元首之礼对待蒋介石。

不过，方东美在与蒋介石的交往中，始终保持着传统知识分子不卑不亢的独立人格和学术尊严。1943年5月，蒋介石兼任中央大学校长。一次，蒋到中大讲话，随从人员按照在军队院校的习惯，将学校大礼堂内教授们的座椅全部撤去。方东美见状大怒，喝问："来者何人？"随从人员回答："校长！"言外之意，蒋委员长亲临，你还有何话可讲。没想到方东美丝毫不留情面，正声说道："既是校长，岂可以不敬师？我这个（哲学研究所）所长，不干了！"此言一出，全场皆惊。虽然教授们的座椅很快还原，但方东美还是坚决辞掉了中央大学哲学研究所所长之职。

西迁入蜀

1937年8月13日，日军的战火烧到上海，淞沪会战爆发。14日，日军飞机开始轰炸首都南京。此时担任中央大学校长的是方东美的老友罗家伦。19日晚，罗家伦与中央大学、浙江大学、武汉大学三校合组的考试委员会在中央大学图书馆里吃晚饭时，敌机空袭南京。罗家伦等人认为中央大学是文化教育机构，日本人还不至于无耻到这一地步。不过，警卫人员担心万一出事，损失了这些文化教育精英可不得了，于是，请他们赶紧到图书馆的地下书库躲藏。当一百多人刚刚进入地下书库时，日军飞机的炸弹就落了下来，他们几分钟前还在里面吃饭的图书馆被炸得一片狼藉，五名建筑工人和两名校工来不及躲藏，被当场炸死。同时，中央大学的男女生宿舍被炸。罗家伦等人悲愤之余又感到庆幸，看来，对于"小人"，只能以"小人之心"度之。其实，日本军国主义妄图彻底毁灭中国文化的阴谋早已有所显露，在1932年"一·二八"事变的第二天，日军就悍然轰炸了中国当时最大的文化机关——上海商务印书馆，同时遭到炮火毁坏的还有上海书店等文化机关。方东美在《生命情调与美感》一文基础上写成的书稿正寄给上海书局刊印，结果未能幸免于难，在炮火中化为灰烬。当时日军侵沪司令盐泽幸一的话一语道破天机："炸毁闸北几条街，一年半就可恢复，只有把商务印书馆、东方图书馆这个中国最重要的文化机关焚毁了，它则永远不能恢复。"

由于敌机的猛烈轰炸和抗战初期的不利局势，为了保护民族文化和国家元气，包括中央大学在内的众多学校、机构不得不西迁入蜀。在离开国都南京前夕，曾任中央大学哲学系系主任的著名美学家宗白华教授，痛惜于无法将一尊宝贵的佛像一路带走，为避免国宝落入贼寇手中，只好断下佛头，埋于地下。方东美得知此事，作《倭逼京师宗白华埋佛头于地下》诗一首，其中有"断头不低头"一句，表达了与日寇死战到底、誓不妥协的气概。

在迁校前夕，校长罗家伦向中央大学全体师生庄严宣誓：我们的抗战，是武力对武力，教育对教育，大学对大学；而中央大学所对着的，正是日本的最高学府——东京帝国大学。在他的努力下，中央大学的全体师生搁置分歧、团结一致、共赴国难，使得抗战时期的中央大学成为当时全国学生人数最多、学科最齐全、师资最雄厚、教育研究水平最高的学府。

中央大学此次西迁是彻底的搬家，能搬的几乎全部都搬了。甚至连中央大学医学院的二十多个人体标本也全部带走。中大农学院有一些从外国引进的牲畜，非常珍贵。于是罗家伦找到原少中会会员、民生公司总经理卢作孚，请他帮忙把这些牲畜运到重庆。卢作孚命人将轮船进行改造，然后每种牲畜选一对，运上轮船，一直送到重庆——这真是现代版的挪亚方舟。但当时中央大学农学院的农场还有许多牲畜无法运走，这些牲畜在战争岁月里可是难得的宝贝，怎么办呢？罗家伦找来负责农场的王酉亭，请他照顾好这些牲畜。当日军占领南京后，王酉亭和两位工友赶着大群牲畜一路向西，踏上了艰辛的游牧之路。他们从安徽到河南，再从河南到湖北，一路走走停停，用了近一年时间才来到宜昌，并在宜昌装船到达重庆。最令人惊奇的是，在这样人心惶惶、盗匪横行的时候，经过如此漫长的时间、遥远的路途，整个游牧迁徙活动中竟然没有一头大牲畜死亡，反倒还添了一头小牛！这给战乱中惶恐和悲苦的中大师生带去了一丝难得的安慰。

不过，方东美在迁校过程中损失惨重。此时，他与高芙初已生下三儿两女：长子方天华尚未满8岁，双胞胎儿子方天觉、方天倪仅5岁多，长女方天心刚刚4岁，而最小的幼女方天煦尚在襁褓之中。在兵荒马乱的世道里，要拖家带口照顾这一大家子妇孺逃难数千里，其中的困难可想而知。人是最宝贵的。方东美只好忍心将多年来收藏的珍贵藏书舍弃不带。当他把这些心肝宝贝锁在南京的寓所时，心里还存着一丝侥幸的念头——说不定我们的将士奋起反抗，首都南京不会沦陷呢。然而，现实是残酷的。1937年9月，日寇攻陷南京，侵占了方东美的寓所。他多年的藏书以及珍贵的博士论文原稿多毁于战火，残存的典籍竟然被日寇论斤论两贱卖。不过，与日寇在南京犯下的灭绝人性的屠城罪行相比，方东美的这些损失又算得了什么呢？然而，打击还远远没有结束：就在他们举家迁往重庆的途中，幼女方天煦不堪旅途颠簸劳累，因病夭折。国仇家恨让方东美已经欲哭无泪，唯有满腔的悲愤。

1937 年 10 月抵达重庆后，方东美一家住在沙坪坝嘉陵江畔中央大学教工宿舍——栾家院。方东美为这个"泥墙陋屋"的新住所取了个雅致的名字——"坚白精舍"。"坚白"二字出自《论语·阳货》篇，取意"最坚固的东西，怎么磨也磨不薄；最洁白的东西，怎么染也染不黑"。方东美以"坚白"为屋舍之名，一则用来表白心志——国难当头、命运多舛，自己仍将磨炼意志，坚贞不屈，为民族和文化竭尽全力，二则也有刘禹锡《陋室铭》"斯是陋室，惟吾德馨"的自况。

抗战期间的重庆随着大量人口的拥入，通货膨胀、物价飞涨。方东美的夫人高芙初也出来教英语，以补贴家用。但一家人的生活还常常入不敷出。为了维持一大家人的生计，方东美只好像当年在中央政务学校一样，经常去外校兼课，赚一点辛苦钱。方东美常去兼课的政大在离沙坪坝很远的浮屠关。但他总是提前出发，一路步行去上课，为的就是省下一点路费。

不过，即使在这种困厄的境况下，方东美仍然不忘带领全家人享受生命。每逢周末或假期，一家人总是简单收拾收拾，出门旅行。说是旅行，很多时候就是到附近的一些村镇古寨探寻一番。夜晚回到家时，已经是万家灯火，孩子们直喊累喊饿，而方东美却仍旧兴致勃勃，并不时写上几首诗词，以留作纪念。方东美这种喜欢旅游的爱好一直保留下来；到台湾后，他还经常携家人外出旅行。

然而，侵略者的炸弹跟着来到了陪都重庆，空袭警报成了每天生活中的必然内容。夏季的一天，空袭警报又拉响了。和往常一样，方东美护着家人躲进防空洞里。等警报解除，回到家一看，大事不妙——坚白精舍的后墙被炸弹完全炸塌，整座房子也摇摇欲倒，不能住人了。方东美只得托同事在附近的堰口借农户的房子暂住。不过，"祸兮福之所倚"，新住所就像个世外桃源，附近有山，林深水秀，清新幽静。方东美兴奋了好几个月，几乎每天都要出去探胜寻芳，并写下了好些诗词。这样的环境，颇有些类似王维的禅诗中所描绘的天地，以至于方东美这一阶段的诗作中都弥漫着一丝淡淡的禅意。

在重庆安顿停当后，1938年，方东美开始以中央大学哲学系教授的身份兼任中大哲学研究所所长。这一时期的中央大学哲学系物质条件十分简陋，只有一间小办公室和一间地板经常晃的教室，另外还有一个长廊用来摆放各种藏书，算是资料室。但方东美和他的同人们就是在如此恶劣的条件下，潜心读书，传道授业，造就了一批高质量的人才。在同学们的心目中，资格最老、最受尊敬的教授有两位：一位是美学家宗白华，另一位就是哲学家方东美。方东美仍然主讲西洋哲学，学生们调皮地给他起了一个响当当的绰号——"当代黑格尔"。

胜利还都

抗日战争胜利前夕，毛泽东由延安来重庆出席国共和谈。会谈期间，毛泽东特意宴请昔日少年中国学会的旧友，方东美也在邀请之列。由于大家后来选择的道路迥异，宴会一开始时，气氛颇有些压抑。这时，方东美来了。见到毛泽东后，方东美用桐城方音亲切地调侃了一句："这不是当年在南京时的毛大哥吗?"一下把全场的气氛调动起来了。这句简单的称呼，让大家都禁不住回忆起昔日的温馨情景：当时，毛泽东到南京与少中会诸会友相聚，由于他比大家都要年长六七岁，因此大家都称他"毛大哥"。方东美用"毛大哥"来称呼毛泽东，一方面固然是要缓和当时的气氛，另一方面显示他仍然对少中会逐渐政治化直至分裂一事耿耿于怀。

抗战胜利后，中央大学迁回南京。方东美携家人乘飞机告别山城，回到魂牵梦绕、念兹在兹的故土。一路上，飞机越过三峡、俯瞰长江、穿越洞庭、直抵南京，方东美看着刚刚光复的、仍然满目疮痍的祖国河山，久久舍不得眨一下眼睛。

到达南京，方东美一家人回到位于宁海路的家园，看到的是一幅破败荒凉的景象——尽管房子侥幸未毁，但家中的一切已被日寇洗劫一空。大家收拾心情，决心重建家园。

此时，方东美听到了一些不和谐的声音：那些避难到西南的师生常常以"胜利者回到沦陷区"的心理，指责留在南京和上海的伪中央大学的学生是日本的顺民；而南京国民政府的一批腐败无能的接收官员，也开口闭口说什么"伪政府""伪币制""伪人民""伪学生"。方东美对此颇为义愤。借一次在中央大学大礼堂做演讲的机会，方东美怒斥道："当撤退时，他们无飞机、无轮船可坐，无火车可乘，所以才留下来，在沦陷区便深受日本人的蹂躏。我们在后方每逢遇到日本飞机来空袭，我们并不悬念自己的安全。因为我们在后方，不管贵州也好，云南也好，都有安全的地洞可躲轰炸。表面看来好像很危险，其实我们却很安全。但是我们在防空洞里面所悬念的就是南京大屠杀以后，连带了在各沦陷区里面留下来的同胞在遭受日本人的蹂躏。所以我们怎么能忍心叫他们'伪民'！他们在沦陷区里面为民族苦撑而忍受这一种灾难。天下只有伪政府、伪币制，哪有伪人民，伪学生的!" 话音刚落，整个大礼堂顿时哭声一片。

回应印度学者的挑战

抗战时期也是方东美的思想逐渐成熟的关键时期。1938 年，他发表了论文《东西方智慧类型》。同年的 6 月 19 日，重庆版《时事新报》副刊《学灯》刊出了他的重要论文《哲学三慧》。由此时开始，方东美研究的重心逐渐从西洋哲学转移到中国传统哲学。按照他自己的说法，这一方面是由于抗战的需要，有必要多注意自己民族文化中的哲学，另一方面则是由于受到印度学者的挑战。

印度学者的挑战

1944 年，当中国的抗战正处在紧要关头之际，尚在谋求独立的印度派遣了一支文教代表团来中国访问，到达陪都重庆。代表团的领队是印度哲学家拉达克里希南博士（后来曾于 1962～1967 年任印度总统）。拉达克里希南一向很关注印度文化与西方文化的关系，被视为印度现代哲学史上综合东西方哲学的典范。他来到中央大学，特意拜访了当时传介西洋文化十分出色的方东美教授。在谈到印度人对印度哲学的兴趣与中国人对中国哲学的兴趣时，拉达克里希南向方东美提了一个问题："请问从中国人的哲学立场来看，你们对目前西方所介绍的中国哲学是否感到满意？"这个问题潜含的意思是：印度学者不满意西方人所介绍的印度哲学，因此包括拉达克里希南在内的许多印度学者站出来向西方介绍自己的哲学文化。

这一问题引起了方东美的深思。他发现就在自己全力介绍西洋哲学的同时，西方学者对中国哲学的介绍却很不令人满意。因为哲学不同于其他学问，它与一个民族最深层的文化和最基本的精神息息相关。尤其是东方哲学，所讲的智慧是一种"内证圣智"，仅靠西方式的经验和逻辑无法从根本上把握。目前中国哲学文化的介绍大都是由西方来华学者所担任。尽管西方也有不少名家致力于介绍中国哲学，可是他们的心灵差别仍然存在，他们的精神与心态还是西方式的，不明白对于中国哲学来说，内在观照要远远重于外在观察。结果，只能在外面兜圈子，不能透入中国哲学内在的精神，使得误解愈来愈多，直至出现今天这种让人很不满意的局面。

于是，方东美回答："西方学界介绍中国哲学的情况让人颇不满意！"拉达克里希南建议道："西人之介绍既然不令人满意，阁下何不亲自著述，以英文介绍中国哲学，从而纠正西方的偏见与误解?"听闻此言,方东美认为,这实际上是拉达克里希南代表印度学者在向中国学者提出善意的挑战。为了中国学者的尊严,更为了中国文化的命运,方东美毅然决定接受这一挑战,要为中国传统文化和哲学担任代言,将中国的哲学智慧完整、准确地介绍到世界中去。

担负着这样神圣的使命,方东美开始认真梳理中国文化与哲学传统中的重要资源,因为只有先弄清楚自己的东西,才谈得上向别人推介。从广义上可以说,方东美此后三十多年的学术活动都是对这一挑战的回应,其最直接、最重要的成果,是他后来用纯正的英文完成的两部重要著作——《中国人的人生观》与《中国哲学之精神及其发展》。

《易之逻辑问题》

其实,早在印度学者挑战之前,方东美就已经开始梳理中国民族文化。1939 年,40 岁的方东美将研究兴趣转到中国文化的源头之一——《周易》,并于次年撰成《易之逻辑问题》一文,后收入《易学讨论集》,由长沙和香港商务印书馆印行,现收入"东美全集"《生生之德》一册中。

说起来,方东美对《周易》早有研究。桐城方氏一向有研究易学的传统,从历代祖先方学渐、方大镇、方孔照、方以智,到方东美的二哥方义怀,数百年来一直未曾断绝。少年时期，方东美就从家学的熏陶中初窥了大易的天地。现在，方东美带着使命，要把《周易》再细细地研究一遍。

方东美作此文的目的在于解决六十四卦如何演成的问题。他首先分析了京房"八宫卦次说"的得失，接着评述了东汉经学家荀爽"阴阳升降说"的逻辑缺陷，再介绍三国吴经学家虞翻易学逻辑系统的贡献和不足。通过对易象、易辞、易理的梳理，方东美指出：汉代易学家们最重要的思想是旁通之说，但"旁通之理应当从卦象去求，不应当从易辞去求……应当由易之取象演卦着手，然后再从卦与卦间的逻辑关系，试求通辞"。虞翻等人未能自始至终贯彻"旁通之理"，根本上导致了逻辑的错乱；清代易学家焦循注意并克服了这一问题，使得他的易学在整体上超越了汉代易学。最后，方东美创造性地用现代逻辑手段解析了六十四卦的产生过程。

这篇文章在形式上将易卦排列次序理解为演绎系统，解决了从两汉虞翻、荀爽到清儒焦循共同面对的逻辑难题，在内容上确立了方氏易学的基本意涵，突破了传统儒家研究《周易》的范围，将近代知识论引入易学研究中。在方东美晚年完成的《原始儒家道家哲学》一书中，有专章《原始儒家思想——〈易经〉部分》，可以看作是对《易之逻辑问题》一文的继续和发展。

坚 白 诗 魂

当代大陆学者侯敏在《有根的诗学：现代新儒家文化诗学研究》一书中指出："方东美是新儒家中有浓厚诗人气质的哲学家。他不仅具有智慧高绝的文化哲学理念，而且有境界超卓的文学艺术才情。他的心灵深处，充溢着一片诗与哲学的谐美境地。他的一生都在精神世界里漫游，思考着生命哲学意义和中国文化命运，并通过自己独特的文化哲学视角和生命美学体系去演绎自己的思想。"的确，方东美是现代思想史上享誉世界的"诗哲"。他曾经说过：中国一切伟大哲学系统的建立者都必须一身而兼"诗人""圣哲""先知"的三重身份，才能宣泄他们的哲学睿见。他自己正是在忠实地履行着这一点。

自古诗人多忧愤，更何况寄身于战火年代的方东美。抗战经历是方东美一次精神上的炼狱：一面是弱妻幼子，生活多蹇；一面是国仇家恨，故土难离。终于，满腔的忧愤在方东美空灵澄明的诗心中化作数百首诗词，这就是后来《坚白集》（又名《坚白精舍诗集》）的主体部分。

哲思慧悟

在方东美的早期诗作中，较多地记录着他的哲思慧悟与心路历程。例如《情》和《遐想》两首诗主要传达了作者对宇宙的感悟：

情

乾坤渺无垠，生世浑如寄。

晏息向君怀，驰情入幻意。

遐想

空间无止境，时序永绵延。

胜游探其幽，意远而心玄。

正如他在《生命情调与美感》一文中描述的那样，中国人的宇宙既高远无垠，又能够以有限生命徜徉其间，品味一种"遣有尽而趣于无穷"的曼妙韵味。

但诗人放逸自由的心却往往被当下的羁绊所牵绕。恰如西哲卢梭所言："人生而自由，却无往不在枷锁中。"在《芙蓉鸟》一诗中，方东美借鸟为喻，揭示了生命的困境和精神的彷徨："嗟彼笼中鸟，幽栖辞林表。奋翼不能飞，弄舌恋春娇。"当这种压抑积蓄到一定的程度时，诗人便希望从道家和佛家的消解智慧中寻找出路，这在《悲歌行》中显示得格外触目惊心："人生天地间，被服纨与纹……人生苦行役，蹇涩负重累。何不灭此身，解脱人间世!"此处的"灭身"不应该理解为"自毁"，而应视作老子的"吾所以有大患，为我有身；及我无身，吾有何患"。即精神超越身体的束缚，实现庄周之逍遥游。

在接下来的《述怀》《自慰》《夜玄》等诗中，作者已经逐渐走出孤傲激愤的情绪，而以一种与道同体、随变任化的坦然心态面对生命的波澜：

述怀

他世与来生，吾意独不属。

此世委尘埃，他世更窘促。

大地鞠吾生，欢乐萦心曲。

自慰

世人恣欢谑，君何徒悲伤。

劝君广胸臆，毋使泪盈眶。

澄怀感有余，幸福自来将。

夜玄

松月风泉孕性灵，高秋绵想入青冥。

探玄观化无穷意，匡坐宵分影答形。

诗人以庄子"知其不可奈何而安之若命"的达观与洒脱化解感伤与计较，保持清静虚明、淡泊怡然的心态，从而抒发综览宇宙与人生的绵邈情蕴。

最后，方东美通过《道心》《心境》《自题小影》等诗作，传达出一种从容恬适与悠然自得的情态：

道心

趣我入太虚，培植艺与力。

钩心探丹鼎，幽然荡精魂。

纵为黄冠欺，恍惚亦可怪。

斋心怀所往，空幻窈难测。

心境

苍崖悬绿水，洒落梅花天。

着地为兰谷，留香一万年。

自题小影

乾坤等量含元气，日月齐光烛妙门。

虚廓谷神成一我，怡情放志入真源。

诗人对于宇宙人生，既不抱持浅薄的乐观，也不采取畏葸的悲观，而是竭力将生命精神提升至玄虚空灵的艺术之境，从而实现生命与宇宙的高度契合；个体的有限生命就这样被完全寄托到时空无穷的宇宙无限生命之中了。

怀念故国

国家罹难、文化危绝，身为一介书生，方东美空有逐寇志，却无报国身，唯有将对敌寇的愤怒、对故国的怀念、对胜利的期盼，凝聚成一首首诗。

《巴陵江中》是方东美一家乘船入蜀的途中所作。诗人写道："西辞京国恨，道远意茫茫。江水徂汉广，亦解九回肠。"对沦陷在日寇手里的大片国土充满着依依不舍之情。

而到《书愤》《望江南》这两首诗词时，情怀一变，作者希望能"腰悬龙泉剑""投笔护新邦"，亲自上阵杀敌、光复失地：

书愤

胡虏未成擒，江山憔悴心。

腰悬龙泉剑，斫地坼千寻。

望江南

仇未雪，京国两茫茫，独立高岑东向望，满天烽火敌披猖，孤恨绕千冈。

肠欲断，肠断不悲凉，记取家园零落尽，故当投笔护新邦，豪逸矫南强。

尤其值得一提的是，他还写了几首诗，专门描绘中华勇士抗战杀敌的勃勃英姿：

中原大战（其一）

英雄杀敌北徐州，黄土血泥沂水稠。

笑触蛮门斗蜗角，诸天等是一微沤。

中原大战（其二）

汴水东流荡古愁，殷勤往复绕陈留。

睢阳老将魂犹在，未报深仇死不休。

空战

逢逢鼋吼浪，车骑散江干。

服鸟迎宵至，神鹰背月搏。

流丸遮鹯路，扫虏上云端。

飞将行天回，游魂贼胆寒。

抗日篇

登高呼四野，万里快哉风。

扫虏雄诸将，为心眇一躬。

精忠长贯日，气象远涵空。

砥柱中流峙，百川东复东。

当得知自己的外甥决定参加军队、杀敌报国时，他忍不住兴奋的心情，写下《喜耀民甥从戎》一诗："愁予空有卫青志，祝尔真成霍病雄。千炮万枪一夜发，尽驱狂虏大江东。"从诗句中，我们发现诗人也有"卫青志"，希望能沙场点兵、扫除敌寇；奈何身弱家累，只能空想罢了。如今终于能够由外甥代为实现报国之梦，这确实让诗人感到无比欣喜与安慰。

随着抗战进入相持阶段，离开故土已经好几年的方东美越来越思念沦陷于敌手的家园。于是，夜阑人静之际，他听任思绪飘摇，魂归故里，并写下了《思归》《思京》《斑竹》《苦雨》等一系列感人肺腑的诗作：

思归

苦忆京师紫竹林，杜鹃红入美人心。

蜀魄不知迁客恨，更啼碧血满江岑。

思京

独夜风兼雨，江声咽苦辛。

频年万里客，肠断金陵春。

斑竹

萧飒故园斑竹枝，迢迢万里引相思。

泪痕不为烦冤结，复国还家未有时。

苦雨

破碎山河影，飘摇楚客魂。

问天天不语，垂泣洒乾坤。

苦忆京国旧事

心史愁长在，良图耻避秦。

可怜花月夜，不是汉家春。

然而，就在抗战的危急时刻，广大民众尚处在水深火热之中，却仍有一些达官贵人照旧夜夜笙歌、纸醉金迷。这让耿直的方东美极为愤怒，写下《行营禁乘汽车往歌舞场》一诗："国破家屯夷乱华，千官犹自拥香车。凭君啼尽伤心泪，争敌后庭一曲花。"在诗中，诗人讽刺那些醉生梦死的官员政客、巨商大贾"直把杭州作汴州"的麻木、腐朽，将他们比作"不知亡国恨，犹唱后庭花"的"商女"。

脉脉亲情

战争是人类最大的惨剧，它使家国破碎、骨肉离散。方东美偏居西南一隅，尽管生活艰辛、苦闷异常，但至少生命没有受到直接威胁。于是，他愈发牵挂和思念身陷敌手的家乡桐城的亲人。当得知桐城失陷、两位兄长失去联系的噩耗，他禁不住写下《倭陷桐城二兄无消息》《乱离后遥寄二兄》等诗作：

倭陷桐城二兄无消息

荆花摇落知何在，纵望春庭想暮香。

骨肉音书无处寄，倾河注海泪难量。

乱离后遥寄二兄

夔门不锁恨，泪积东流波。

万里共明月，霜荆入梦多。

尤其到了除夕夜，这原本万家团圆、共祈吉福的时光，更让方东美回忆起童年时的除夕夜缠坐在兄长身旁，听他们谈天说地的温馨往事，作《蜀中守岁怀意瑰兄》一诗以慰思念之情："雾重霜寒不冻愁，庄生蝶化梦君稠。惊疑抱影灯前坐，听说人间百万忧。"

同样让方东美魂牵梦绕的，还有夭折于逃难途中的幼女天煦。他经常在午夜梦回时分忆起爱女，于是写下《蜀中梦亡女天煦》一诗："笔架山前春寂寞，娇痴稚女独眠悄。花间应有鹃声乱，为报愁亲惨淡新。"幸存的子女生病，方东美在殚精竭虑地照料之余，惶然发现不知不觉已蹉跎四十载，不禁作《儿女剧病牵愁示内》："蹉跎四十春，患虑逼人老。血泪迷川原，烽烟炙肺脑。颠危疲梦枯，乳抱苦形槁。对坐商飙驰，寸心摇百草。"

动乱的岁月，让亲情变得更加弥足珍贵。一次，方东美欲孤身乘船去某地旅游，妻子携小儿女登船相送，依依难舍，竟然忘记要下船！诗人感于此，作《惜别》一诗："世事如流幻，登舻有远行。水天澄雾色，江表渺云情。语燕频传梦，惊雏哽别声。春愁语不尽，未往已先迎。"诗尾的"未往已先迎"一句，以轻松戏谑的语气道尽了兵荒马乱年代亲人相依为命的温情。艰辛的生活让只有三十多岁的高芙初早早地生出白发。对此，方东美又是心疼，又是感伤，只能拿出诗人的本领来宽慰爱妻，作《慰芙初愁生白发》诗一首："昔游乌龙潭，依依偎杨柳。花时毋轻离，攀条与心抽。今迁巴渝城，幽忧窜身后。长为未归人，雪花缠君首。縻纮非无情，无情不相纽。春花及时妍，芳菲知耶否？"

这一时期，方东美还经常以诗词与朋友唱和。方东美的同乡兼好友、著名美学家朱光潜在读到他的诗后，极为推崇，回信写道："尊诗见示，捧读再三，欣喜欲狂……尝以诗词为中土文艺之精髓，近日士子方竞骛于支离破碎之学，此道或遂终绝。今读大作，兼清刚鲜妍之美，大雅不作，或竟为杞忧矣。"方东美另作有《绝句寄熊子贞》一首："惊涛卷石翻沉冤，啼鸩伤春泣断魂。物不得平犹泄愤，人非丧志怎忘言？"此诗背后还有一段故事：方东美和熊十力二人早在武昌高等师范时就已相识，后来又一度同为中央大学同事。此时熊十力刚刚离开马一浮的复性书院，居住于重庆附近的璧山。而方东美自避难到重庆后，由于藏书尽失，所以经常到孤庙里看佛经，用他自嘲的话说，就是"做歪诗、读华严"。方东美青年时代就曾亲近过熊十力的老师欧阳竟无，此番读佛经有了些感触，于是写信给对佛经深有研究的熊十力，讨论自己的一些理解。不料，这反倒引起熊十力的误会，以为方东美是在委婉批评自己的佛学研究。熊十力立即回信给方东美，信中写道："某之待公甚高，公之所以难我殊非所料……（君）自恃闻见之多，与某既不能凑泊，某故难与公言。"颇有名士气象的熊十力隐然要与方东美绝交。方东美见状，连忙写信解释，表达对熊十力佛学成就的尊重，并阐释自己解读佛经之"性"的理由和佛典依据。随后，又作此诗以明心志。方东美认为自己与熊十力辩论佛学纯粹是学术之争，并不影响二人的友谊。尔后，熊十力也坦然接受方东美的帮助，在中央大学演讲，并几乎留在中大任教授。只是恰逢好友梁漱溟办勉仁书院，亟须他前去襄助，才未能再与方东美共事。不过，这场学术争论对方东美也有不少触动，他发誓：不下四十年苦功，决不开口乱谈佛理。

综观方东美的诗词，清雅隽永、空灵绵远，充满着生命幽情与理趣。著名学者钱锺书评价说："中国古典诗人，如方东美先生者，今后绝矣。"侯敏也说："方东美的诗显示了作为诗人哲学家的心灵妙悟，其生命与诗充盈着一种大美。方东美的诗于空灵圆润之中呈现出现代学者的宇宙意识和生命情调，其间自有民族心灵的葱茏和诗情气韵的氤氲，达到了宇宙意象与诗人心灵互摄互映的澄明之境。"

第7章
赴　台

　　重返南京后，方东美发现自己的心境反而不像在重庆时那样澄明。一来，国民党的许多官员尚未修补国家、人民的战争创伤，就开始新一轮的争权夺利；二来，"如何选择中国的道路"问题又重新凸显出来，内战的阴影笼罩在人们心头。方东美继续坚持纯粹学术的立场，希望逃避复杂的政治。从1945年秋到1947年夏，讲课之余，方东美潜心研究《庄子》和《周易》，并对《史记》和《汉书》产生了兴趣。他仍然服膺当年罗素的话："文化才是一个民族发展的关键；经济、政治制度都在其次。"

赴 台 缘 由

1947 年夏，方东美乘飞机抵达台湾。他原本是来替政府完成一桩文化使命，但他怎么也想不到，这一来，就再也没能返回大陆。说起来，无论是 1924 年离开家乡桐城，还是 1947 年离开大陆，方东美都未曾想过这一去竟成永别。

方东美赴台的缘由是：光复后的台湾爆发了"二二八"事件。这是台湾社会矛盾、经济危机的总爆发，无论对于台湾本省民众，还是大陆赴台的接收、建设人员，都造成了极大的伤害。1947 年夏天，南京国民政府敦请方东美前往台湾作巡回演讲，以提起民族精神，安抚受伤的心灵。方东美应邀赴台。尽管他既不懂闽南语，又不会讲普通话，但凭着两岸中华文化的血脉相连，凭着哲学家博大的同情仁爱之心，演讲非常成功。所到之处，听众多为之感动落泪，甚至痛哭流涕。在为期一个月的巡回演讲中，方东美以民族文化为滋补药，用自己的生命体验和真挚情感为药引，很好地化解了台湾同胞对大陆的误解与疏离。

演讲的间隙，方东美与谢东闵、许恪士等人一同游览了草山（后更名为阳明山），多少满足了一些旅行的愿望。一次，在台中的演讲结束后，方东美在谢东闵的邀请下，到台中二水镇与镇上精通汉学的老一辈学者诗人们诗酒唱和。平生极少饮酒的方东美破例畅饮一回，与大家谈玄论庄、吟诗填词，其乐融融。席间，当地父老感于方东美潇洒的气象与通达的智慧，为他奉上一个雅号——"博大化人"。或许是酩酊之际少了些许伪饰谦让，抑或是他真的太喜欢了，总之，方东美"陶然共举杯"，欣然接受了"博大化人"的雅号。

的确，方东美无愧于"博大化人"这个称号：他幼承家学，尤以博综著称，兼中、印、希、欧四大文化宗传；统科、哲、艺、教四大学术领域；集儒、道、释、西四大思想源流于一身。他曾这样总结自己的学术："我的哲学品格，是从儒家传统中陶冶；我的哲学气魄，是从道家精神中酝酿；我的哲学智慧，是从大乘佛学中领略；我的哲学方法，是从西方哲学中提炼。"而他一生的学术目标，就是要将中国的儒、释、道传统，以及更广泛的中国、印度、古希腊、近代欧洲的文化资源梳理统会，融合为一种生命的学问。

定 居 台 湾

方东美此次来台湾，原本只打算暂住。所以，他在这一时期写的诗句中，称之为"旅台"。然而，在"旅台匭岁"

后，大陆的战争形势对国民党来说越来越严峻。1948 年 9 月，方东美终于下决心举家迁往台湾；而他本人进入台湾大学任哲学教授，并兼任哲学系主任。

方东美初到台湾时家眷尚在南京，于是被安排与傅斯年同居一处。傅斯年是于 1948 年 1 月随中央研究院历史语言研究所一同迁至台北，并兼任台湾大学校长。二人同吃同住，又都是性情中人，因此经常坦率交谈。一次，傅斯年豪情满怀地表示："我要把台大办成世界第一流学府！"没想到方东美却泼冷水，道："我看你办不成。"傅斯年追问原因。方东美答道："请看北平城危时，政府派专机抢救学者，机上所坐何人，你就明白我的意思了。"傅斯年顿时愣住了。

1948 年至 1950 年，方东美在任台大哲学系主任职时，主持系务，井井有条，理事治学，相得益彰。1950 年，他辞去系主任一职，专心学问。1955 年，方东美开始兼任台湾师范大学教授（至 1957 年）及台湾东吴大学教授（至 1959 年）。

《中国人的人生观》

1952 年，方东美用英文写了《中国人的人生观》（也译《中国人生观》）一书。该书在方东美于抗战前夕所作的系列演讲和《中国人生哲学概要》的基础上，进行了大篇幅的

122

增补改动，完全可以看作是一本新书。经过四年时间的打磨修订，该书于 1956 年 8 月正式定稿，并由台北联经出版事业公司出版。

这部书是方东美对抗战时期印度学者善意挑战的明确回答。在介绍该书的写作原因时，方东美写道："有关'中国的东西'在西方已经写过很多，表面上看来都是言之有物，令人目眩，对那些爱赶时髦的人尤具吸引力；然而真正的'中国心灵'却很少有人触及，只有深具慧心的内行人才知其中博大精深，实为一大宝库，除了充满知识、博学、艺术与高雅的传统外，更有无穷的精神能源，但对那些在思想与感受毫无同情的人来说，这宝库却只是一片漆黑。的确，如果面对中国的慧心，西方世界只以俗眼来看，那自会视而不见，错误百出。"

方东美指出，理解中国文化的关键，在于确立一种"中国的心态"；如果没有中国人的心态，便无法进入"中国心灵"的宝库。然而，令人遗憾的是，不仅一些西方学者由于不通中国的语言文字而无法进入"中国心灵"，甚至连不少中国人也妄自菲薄、自毁长城，污蔑中国文化的遗产宝藏。因此，方东美用英文写作此书的目的，就是要"激浊扬清，阐扬中国的慧心"。

那么，什么是"中国的心态"呢？扼要地说，就是深体广大和谐之道，因而了悟世上所有人类与一切生命都能浩然同流，共同享受和平与福祉。其根本要旨便是体会到不论是人还是宇宙，都足以生生不息，创进不已。他坚信有了这样的心态和精神，就能够从根本上杜绝灾祸。方东美在半个多世纪以前所讲的这些话，直到今天听起来还是那么振聋发聩、启人深思。对于当代的中国人，以及希望了解中国的外国人来说，确立一种健康的"中国的心态"，仍然是理解中国文化的前提。

由于此书是用英文来介绍中国哲学思想的精粹，方东美面临着一个严峻的问题："英文能否贴切地表达中国哲学思想?"对此，方东美一方面希望自己兼具东西方文化学养的背景和出众的英文技巧能有所帮助，另一方面则有意识地选用了柏格森、怀特海等人的一些观念和用语，因为这些西方学者对宇宙之盎然生意的体悟与揭示，同中国的哲学智慧有很多相通之处。柏格森的"创造进化论"将宇宙视作向上的变易大流，而生命冲动的本质就是创造。柏氏的这一思想与中国哲学中《周易》的"天地之大德曰生"的宇宙观恰能契合。而怀特海的"过程—机体哲学"则将包括人在内的所有个体视作参与宇宙创造的主体，从而把宇宙转化成实际存在物合生而成的生命网络，正好可以弥补柏格森对个体生命不够重视的欠缺。所以，方东美将柏格森和怀特海的思想看作最重要的思想资源。

在书中，方东美对于哲学思考的途径进行了宏观的归纳。他认为，哲学思考至少有三种途径：1.宗教的途径，透过信仰启示而达哲学；2.科学的途径，透过知识能力而达哲学；3.人文的途径，透过生命创进而达哲学。通过一一分析比较，方东美得出结论：宗教和科学的途径都使哲学"无法形成雄健的思想体系"，"所以，实在说来，人文主义便形成哲学思想中唯一可以积健为雄的途径"。

尽管方东美采取用英文介绍中国哲学文化的方式对拉达克里希南博士进行了回应，但这个时期的他，还没有从根本上实现学术和教学重心由西方回到东方的转变，从这一阶段他在台湾大学开设的课程就可以看出这一点。他主要讲授哲学概论、柏拉图哲学、人生哲学、西洋哲学史、亚里士多德哲学、笛卡儿哲学、莱布尼茨哲学、斯宾诺莎哲学等，仍以西方哲学为主。

黑格尔论文风波

迁居台湾后，方东美仍努力保持对政治"敬而远之"的态度，他在课堂上从来不提三民主义。当时，蒋介石希望由方东美出面办一份杂志，被他婉言谢绝。不料，他很快还是被卷入政治的风波里。

1951 年初，蒋介石趁宴请各大专院校资深教授聚餐的机会，拿出一本名叫《唯物论辩证法批判》的小册子，向方东美请教。一向对马克思主义不太感兴趣的方东美，对这个小册子进行了批评。不过在他看来，这只是学术上的分歧。方东美的态度正中蒋介石的下怀，于是蒋介石趁势请方东美以"辩证法与黑格尔哲学"为题，给台湾的大专教师作一场公开的学术演讲。方东美答应了。方东美讲演结束后，蒋介石又希望方东美将讲稿全文发表。方东美表示同意，不过表示尚有一些文字需要润色处理，等他修订好再发表。

不料他先是患上重感冒，接着又患上青光眼，差点失明，于是，修改文稿之事暂时搁置下来。这一来，一些居心叵测之人就开始向蒋介石进谗言，说方东美故意推托，不愿公开发表批评马克思主义的论文，害怕得罪共产党。蒋介石便派人向方东美传话："方先生有什么不方便吗?"更令方东美心寒的是，他发现自己家附近经常停放着一辆三轮车，车夫老是躺在车上休息而不去拉客人——这是国民党的特务在监视呢。

1956 年，方东美身体痊愈后，将文稿修订好，取名《黑格尔哲学的当前难题与历史背景》，收入由台湾中华文化事业委员会出版的《黑格尔哲学论文集》中。

经过这次事件后，方东美对政治愈发反感。他毅然宣布：十年不作公开演讲，不接受刊物邀稿；即使是"总统府"邀请讲学，也要断然谢绝。用他的话说，就是"我要用功"。不过，方东美身边的亲友同事发现，从此他多了一项爱好——养狗。他特意去买了好多养狗的书籍，认真地研究。当学生询问原因时，方东美淡淡地笑了笑，说："有时跟狗做朋友，要比跟人做朋友好！"

批评"文化复兴运动"

20世纪50年代，蒋介石在台湾搞"文化复兴运动"，推行"古典今注今释"。方东美对此颇不以为然，认为学生都不直接读原著经典，哪里还有什么根源性和原创性，批评道："我看他们是在搞文化毁灭运动！"一次，蒋介石"总统府"秘书处的工作人员贸然打电话给方东美，请他参加"总统府"的"文化复兴运动"月会，并作学术报告。方东美问："讲什么？"对方回答："讲中国文化。"方又问："讲多长时间？"对方回答："三十分钟。"方东美勃然大怒："三十分钟能够讲中国文化，那就不是中国文化！你们哪里是在提倡中国文化？你们简直就是在毁灭中国文化！"对方还未来得及回答，方东美又说道："你们要我作报告，有没有事先请问我有没有时间？你们口口声声要尊重学术，却只会骚扰学者。你要对我下命令呀？"说罢"啀"的一声，挂断电话。

方东美之所以如此大发雷霆，一是对"文化复兴运动"中将中国哲学经典庸俗化的做法很反感，要维护中国哲学的尊严，二是要在政客面前保持学者的独立性，维护知识分子的尊严。

后来，台湾"教育部"派了三位官员到方东美的家里，专门向他请教开展"文化复兴运动"的具体办法。一向视民族文化为生命的方东美听到这个问题后，沉默了五分钟，然后严肃地告诉官员："有一个办法。"官员们忙问道："什么办法?"方东美说："将台湾所有的电视台、广播电台、报纸、杂志都关闭。"官员们吓了一跳，表示说："这个做不到!"并反问方东美提出这个建议的理由。方东美说道："这些东西天天在破坏中国传统文化，只要有这些东西存在，复兴中国文化就只是口号而已!"其实，方东美反对的不是这些媒体本身——抗战前夕他就曾通过广播电台向全国青年发出号召，他反对的是这些媒体已经异化为庸俗、低级、浅薄的代言。试想，一打开电视，看到的都是凶杀与阴谋，一翻开杂志，见到的全是衣着暴露、搔首弄姿的女郎，这样的环境，还能谈什么"文化复兴"。所以，方东美的家里从来就没有电视机。谈到最后，这些官员又问了方东美一个问题："在历史上最强盛的罗马帝国亡国了。美国是现在世界上最强盛的国家，请问美国将来亡国的第一个原因是什么?"方东美毫不犹豫地答道："电视。"接着警告说，目前台湾的电视还没有那么严重，但要特别小心。如果还是走美国电视的那种老路子，台湾也不会有好日子过的。

方东美的威严不仅让政客领会到了，而且也让一些既无文化意识，又无教育理想，只会逢迎上司的大学校长胆战心惊。一次，方东美到某个大学校长的办公室商洽公务，这个校长不学无术，只会打官腔、耍官威。方东美大怒，用随身所携的手杖敲击桌面，喝道："某某某，你给我站起来！"这个校长被方东美的威严给震慑住了，乖乖地站起来。方东美又喝道："给我坐下去！"校长又乖乖坐下去。如此起坐三次。方东美最后才正声说道："身为大学校长，怎可以不敬师？刚才我不过让你想想：自己配不配坐在这里！"

第8章

方东美与胡适

方东美和胡适的不洽和对立

方东美与胡适二人在生活轨迹上有很多相似之处：他们是安徽同乡，幼年时都曾受过传统家学的熏陶，成年后又都赴美留学过；在留学前他们的婚事也都由家长安排了；另外，他们还有一位共同的老师——杜威。按说，方东美与胡适有如此多的相近之处，应该多少有些往来、有些交情吧。但实际上，两人对很多问题的看法都有分歧，两人之间的关系一直都很紧张。

离婚与惧内

首先拿一个侧面——对待封建包办婚姻的态度来说，方东美与胡适就表现出很大的不同。

方东美还不到 2 岁时，就被父母定下娃娃亲，并在留美之前被安排与表妹盛氏成亲。留学归来，对自由体会得更加深刻的方东美做的第一件事情，就是与这段毫无感情基础的婚姻决裂。为此，他不惜闹得满城风雨、背井离乡，并最终找到了自己一生的爱侣。

胡适的情况在开始阶段与方东美很相似：在他 13 岁时，由母亲做主定下娃娃亲。胡适出国后，也一直想摆脱封建婚姻，但性格上的软弱使他欲罢不能。1917 年留学回国后，"无情人终成眷属"，他与农村女子江冬秀成亲。此后，胡适虽然偶尔还有一些憧憬自由的爱情，但更多的却是留下了"惧内"的名声。他的妻子江冬秀虽然来自农村，但她并不像一般的乡村女子那样羞怯、胆小，而是意志果断、行事泼辣、聪明能干，颇有几分男子汉的气概。她还很懂得如何"管束"这个多情的丈夫。当时，流传着很多胡适"惧内"的笑话，如他说男人也应该有"三从四得"，即"太太出门要跟从，太太命令要服从，太太说错要盲从"，以及"太太化妆要等得，太太生日要记得，太太打骂要忍得，太太花钱要舍得"。胡适家里悬挂的一张全家福照片就很说明问题：妻子江冬秀端坐在正中间的太师椅上，颇有些"一家之主"的风范，而胡适和儿子则规规矩矩地垂手分站两旁，而且在胡适的目光中还透出几分惶恐，让人忍俊不禁。因此，唐德刚先生曾经送给他一副对联："胡适大名垂宇宙，小脚太太亦随之。"

不过，胡适是一个很幽默的人，他并不太在意别人嘲笑他"惧内"，反而就此收集了世界上各个国家关于"怕老婆"的文学故事和笑话，居然让他有了一个"惊人"的发现：全世界一百多个国家里，只有三个国家的男人没有"怕老婆"的传统，它们分别是德国、日本和俄国；而但凡有"惧内"传统的国家，都是自由民主的国家；"不怕老婆"的这三个国家则都成了独裁集权国家。如此一来，"怕老婆"就成了维护自由民主的良方，而他胡适将此贯彻得最彻底。

什么是哲学

方东美与胡适的第一次见面就很不愉快：那是在抗战之前，经朋友介绍，方、胡二人在上海见面。刚落座，年长八岁的胡适首先发问："我最近发表一篇谈当前哲学发展趋势的文章，你读到没了？"方东美回答："是在《申报》发表的那篇大作吗？拜读过了。""你认为如何？"未等方东美回答，胡适又补充道："那是我近来写作最用力的一篇。"听了这话，方东美突然觉得有些荒唐，这不是明摆着要等别人吹捧吗？！方东美是一个耿直孤傲的人，向来吃软不吃硬，心想：果然是"见面不如闻名"啊！于是，他决定杀一杀胡适的锐气，说道："既然您谈到哲学发展的趋势，想必对'哲学'一词的定义定有高见。是否如您在《中国哲学史大纲》中所云：哲学是就人生问题，从根本着想，求根本解决的学问？"胡适矜持地点点头。方东美陡然发力，说："我看，那顶多只够哲学的二分之一。"胡适吃了一惊，不服气地辩解道："不至于吧！"方东美毫不手软，继续穷追猛打："岂止不够二分之一，甚至不够四分之一，八分之一，十六分之一……"胡适当然不答应，要方东美讲出道理来。方东美说："哲学若是只限于人生问题的处理与解决，则与伦理学何异？与公民课何异？何况谈人生，怎能不谈人性论、价值论、宇宙论、本体论、超本体论？"胡适有些不知所措，只好改口说："老实说，我近来哪有充分时间看书？我的书多是蹲在马桶盖上看的。"方东美淡淡一笑，没有再说话。

无独有偶，方东美的学生傅佩荣教授也讲过一个故事：1917 年，胡适从哥伦比亚大学回国，被聘为北京大学教授并任文学院院长。此时的胡适只有 26 岁，却被人们公认为最博学的人。一次，方东美与胡适见面。方东美故意问道：

"胡先生，大家都知道您博学，那您是怎么读书的？"胡适有些不好意思，连忙说："我哪里读什么书呢？其实是我们这边有一笔庚子赔款，专门在美国买书用的，所以美国人文方面的书一出版，就立刻寄一份给北大，我是第一个收到的。"方东美就放过了这个问题，又问道："您在美国是哲学博士，我想请教您哲学方面的问题。"胡适赶紧推脱："其实我在哲学上花的时间不多，我比较了解文学。"方东美步步紧逼："好，那么我就请教您文学方面的问题。"胡适这才想起方东美的文学造诣也颇为了得，只好说："我关于文学的理解也很有限，我比较精通的是历史。"不料方东美又说："那好，请教您历史问题。"胡适汗都快出来了，又转弯道："我喜欢的其实是考古。"这个故事的真实性和客观性当然还有待商榷，不过，很形象地说明了胡适学问的博杂不精，以及方东美严谨得近乎苛刻的学术态度。

从此以后，胡适就知道这个小老乡不好对付：性情耿直、言无遮拦不说，偏偏还学贯中西，敷衍不得！多年后，方东美在告诫学生时，语重心长地说了一句话："不要成名太早！"影射的就是胡适。在他看来，胡适天资聪颖，有深厚的家学训练，又负笈海外，本来应该成就为一个更为杰出的学者，可就是因为成名太早，结果被自己打败了。

十年不骂胡

方东美和胡适的又一次见面是在抗战初期的庐山会议上。此前，两人对于抗战的态度有些分歧：方东美主张誓死抵抗、驱逐日寇，胡适尽管也主张抵抗，但并不放弃"和平的努力"。在庐山会议上，胡适见到方东美，很客气地将自己事先拟好的一本小册子亲手递给他，笑着说："这下又要被你骂了。"

不过，庐山会议后，胡适很快转变了立场，坚决主张抵抗日寇，奋起抗战。1938 年，胡适临危受命，担任中国驻美大使前后长达六年时间，尽职尽责，为争取美国的经济和军事援助以抗击日寇作出了很大贡献。

方东美尽管对胡适的学问不太满意，但他也是一个识大体的人，对胡适在外交工作岗位上的杰出表现给予了高度肯定和称许。不过，方东美表达赞许的方式很特殊，他宣布"十年不骂胡"，并说到做到。不过，十年期限一满，方东美又"恢复"骂胡了。他说："对付一个胡适之，整个国民政府拿他没有办法，束手无策。不是我夸口，其实，不要多，一个就够！无论什么场合，只要有我方某人在座，他就不敢调皮！"

谁是卷主的最佳人选

二十世纪六七十年代，美国的南伊利诺伊州立大学是西方哲学研究的重要阵地，这里的杜威研究中心在全球首屈一指。南伊大的杜威专家们对中国哲学的发展情况不甚了解，在他们眼中，杜威先生的"在华大弟子"，并当过战时"中国驻美大使"的胡适博士，是杜威哲学在中国的最佳传人。"胡适既是杜威哲学在中国的最佳继承人，也是中国哲学的主要代表"，也已经成为许多美国学者的"共识"。

但是，当他们从中国学者的口中听说了胡适在中国所宣扬的杜威哲学后，不少人动摇了，"这真的是杜威哲学吗"？例如，胡适将杜威的赓续原理"发展"为断灭原理，将交感互动原理"演化"为单边盲动原理；他还全力宣扬"全盘西化论"。这都让杜威的美国弟子们感到陌生。

就在这时，他们发现了杜威在中国的另一个弟子——方东美，这个既继承了杜威哲学的许多精神，又积极建构中国"超越形上学"的"有威严的中国人"。当人们将胡、方二人在第三、第四两届东西方哲学家会议上的表现作了对比后，不得不承认：方东美才是杜威在中国的最杰出的传人。原本对胡适"赞不绝口"的前纽约市立大学教育系主任、夏威夷教育厅厅长艾克斯特教授，目睹了方东美在 1964 年第四届东西方哲学家会议上精彩绝伦的表现后，衷心地说："我钦佩方教授！"而南伊大的韩路易教授在听过方东美的演讲后，评价说："他应对敏捷。任何人，只要跟他交谈过寥寥数语，必得承认他是位伟大的学者，哲学上的一代奇才……"

后来，南伊大的萧朴教授负责主编《当代现存大哲丛刊》。萧朴教授是一个颇具传奇色彩的人物：他在30岁前，就已经成为德国公认的世界十大康德专家。但是，在听了一次讲座后，他毅然决心放弃康德专家的身份，改而扮演编辑家的角色，创办了《当代现存大哲丛刊》。他认为：一个专家的贡献再大，只是一个专家的贡献；一个优良的编辑家可以促成几百位一流的学者专家来一起贡献。《当代现存大哲丛刊》的创办原则是审慎挑选当代、现存的若干思想大师，聘请其他专家写作有关这些思想大师的论文，然后送呈卷主，请卷主一一答辩、澄清、确认。杜威、爱因斯坦、怀特海、罗素、圣塔雅那等思想家先后入选。不过，萧朴教授希望有亚洲学者特别是中国学者入选，而他首先看上的正是胡适博士，希望将胡适作为"中国卷"的卷主。然而，在了解和比较了方东美、胡适二人的学术思想后，他改变了主意，希望方东美教授能成为"中国卷"的卷主。不过，此时方东美的英文著述只有一本薄薄的《中国人的人生观》，他只好催请方教授多发表、出版英文著述。可惜，天不假年，不

137

久，方东美因病辞世，而萧朴教授也在遗憾中离开人间。就这样，《当代现存大哲丛刊·中国卷》卷主的疑问留给了后人，究竟谁才是最佳人选呢？

方、胡分歧的根源

方东美为什么会"习惯性"地批评胡适？这既不是二人有私人过节，更不是方东美嫉妒胡适的显赫名声。两人分歧的关键在学问，特别是对于中国传统哲学的理解。

民国时期流传的一个典故很好地说明了这一点：当时在北京大学讲课，第一节课是胡适上的。有学生问：什么是儒学？胡适就在黑板上写了三个字："儒""蠕""孺"，然后解释说："儒者，虫子也。"胡适此举当然不无调侃之意，但对儒学的不屑也是显而易见的。接下来的第二节课正好由方东美来上。有好事的学生已经把胡适的恶作剧告诉了方东美，方东美也在黑板上写了三个字："胡""糊""蝴"，并解释说："胡适，糊涂虫也。"

可见，两人的分歧主要在于对中国传统的态度。方东美在《中国人的人生观》一书中所批评的"妄自菲薄、自毁长城，污蔑中国的遗产宝藏"的一类中国人，正是以胡适为代表。方东美曾经在课堂上公开批评胡适："以往向西方学哲学的有些人，也就误以为世界上面只有西方才有哲学、才有宗教、才有艺术，甚至于还自命是中国文化的领导人，那当然会不断地闹出许多笑话。譬如有一个美国人 Henry Taylor，在纽约大都会的博物馆工作了几十年，非常崇拜中国艺术，因此便专门收集中国的艺术，他做中国艺术部门的馆长……听说胡适在中国的知识领域还有地位，就请他去讲中国艺术。但是他去了之后却笑他们是傻子，说中国怎么会有艺术，你们要研究什么……在台湾开中美学术科学会议时，又说中国没有科学、没有文化。在当时英国剑桥大学李约瑟教授计划出版十一册讨论中国科学工艺的历史，第四册已经出来了。但是他连看都没有看，或许是看不懂，所以才说中国没有文化、说中国没有哲学。就这样来冒充知识界的代表有几十年之久，来危害中国……有一年在会议上，他又讲中国没有文化，我就在一个像这样的两三小时的课程里，引述各种经典证据，把他批评得体无完肤，说并没有再比中国有那么丰富的文化。第二天报纸还登了出来，标题是：'胡适挨骂了'。"

因此，方东美批评胡适是"浅薄的学者"，说胡适的读书能力有限，很多书都不敢看，因为看不懂。如此，便导致了胡适对于中国古代的很多知识、很多问题都产生了误解。例如，一讲到道家，胡适非要说老子具有"反政治意识"；

孟子的教育学说非常重要，而胡适却只字不提。更严重的是，胡适认为历史是一门科学，强调要凭借确凿的证据讲历史，当证据不充分时，就只有将其"请"出历史的范围。例如《尚书》，因为证据不足，就被胡适视为神话。这种狭隘的历史观促使胡适"当时总把各种历史斩头去尾，缩短历史的时间"，以至于连他写的哲学史也成了"切头式、斩头式的中国哲学"。在方东美看来，胡适在新文化运动中大谈"中国的文艺复兴"，讲要"整理国故"，但胡适连《尚书》都读不通，哪里有什么本钱谈"整理国故"！并且，胡适在思想和感受上对中国文化毫无同情的体会，完全不具备"中国的心态"，如此谈"哲学"，谈"中国文化"，自然会错误百出、不着边际。为此，方东美总结出了胡适的"六宗罪"：第一，鼓吹"全盘西化"，认为西方文化比中国文化优胜，"外国的月亮比中国的圆"；第二，并不了解西方文化的渊源和实质，只知道舍本逐末，将西方文化中处于较低层次的科技文明误当作西方文明的全部；第三，僵化地运用西方科学的逻辑方法来研究中国哲学，违背了中国哲学的精神；第四，鼓吹西方式的民主政治原则，却对中国古代圣贤的"德治主义"不屑一顾；第五，污蔑中国没有科学、没有文化；第六，倡导新文化运动，提倡白话文，从根子上斩断了中国传统文化的精神命脉。

第9章

扬 威 海 外

从 20 世纪 50 年代末到 70 年代初,方东美先后出国参加了一些国际学术交流。在与世界哲学家的对话中,方东美以宽厚开放的心态,同时坚持中华文化的本位,不卑不亢,平等对话,扬威海外,也为中国哲学赢得了应有的尊重。

两 次 讲 学

20 世纪 60 年代,方东美曾先后两次应邀赴美讲学。讲学期间,方东美在给美国学生开设中西哲学课程的同时,还进行了一系列的演讲。凭着优雅的英文,他或者提纲挈领地向西方听众勾勒出西方文化发展的真实线索,或者体察入微地带领他们进入博大浑融的"中国心灵",给美国学者和民众留下了难忘的印象。

1959 年至 1960 年赴美讲学

1959 年秋,60 岁的方东美应邀赴美国讲学。当时台湾崇洋媚外很严重,许多人但凡有机会出国就一去不回了。听说方东美要到美国讲学,一些人"以小人之心,度君子之腹",妄自臆断说他此次出去可能再也不会回来。很快这个传言就在台湾大学哲学系盛传起来。得知此事后,方东美把学生召集起来,很严肃地对他们说:"谁说我不回来?我一定在一年之内回国,绝不食言。不仅回来,我还要开始讲中国哲学,一直讲十年、二十年……"

1959 年 9 月,方东美抵达美国,被聘为南达科他州立大学哲学访问教授。1960 年 2 月至 6 月,方东美又被密苏里大学聘为客座哲学教授,与美国学者一起研究东方哲学。

在此期间,方东美还应邀到其他大学作了英文演讲,演讲的题目是《从比较哲学旷观中国文化里的人与自然》。"孔子登东山而小鲁,登泰山而小天下。的确,当我们进入一个更高的境界时,便发现原有的世界是如此的狭小"——演讲以这样的开场白开始。接着,方东美论述中国人的观念形式与西方人的观念形式完全不同:西方思想以"逻辑化清晰的分离型"为特性，习惯于采取分离的方式，把那些看似不相融贯的活动事项加以分隔。他引用了印度诗人泰戈尔的话："古代希腊的文明是孕育在城市围墙之中，其实，整个西方的文明都以砖瓦泥沙所堆砌成的城市为摇篮"，"西方人常以其征服自然的思想自傲，好像我们都是生活在一个敌对的世界中……因为生活在城墙内，很自然的，我们心灵的视界只限于人的生活和工作，于是造成了人和孕育我们的宇宙之间的一种人为的分隔"。中国文化的最大特色，就是能观照人和世界中生命的全面。中国古代的三大哲学传统，儒、道、墨三家，全都致力于人和自然的合一。中国人在评定文化价值时，常常是一个融贯主义者，而不是一个分离主义者。

方东美又向西方听众介绍了中国哲学思想的源头——《易经》，指出《易经》的基本原理就在于持续的创造性。中国哲学的理性之大用，是旁通统贯的精神统一体。在中国哲学里面，人源于神性，而此神性乃是无穷的创造力，它范围天地，而且是生生不息的。由中国哲学家看，人常在创造的过程中，随着宇宙创造的生力浑浩流转而证验其程度，既是创造者，也是旁观者。在中国哲学里，自然是宇宙普遍生命的大化流衍的境域，是一个和谐的体系，是神圣、幸福的境域。所以中国人深觉我与物、人与物，一体俱化。人也许会失落，但并非偶然的，而是由于他违背了天道。中国哲学里的自然和性禀是一体的。我们以平等的心情待人接物，能够与天地并生，与万物为一，共证创造生命的神奇。他说，我们尊敬生命的神圣。我们站在整个宇宙精神之前，呼吁大家本于人性的至善，共同向最高的文化理想迈进。

方东美所作的演讲和相关研究的意义，在于用纯正的英语向美国学者和民众介绍了一个真实而动人的东方智慧的天地。这相比较于过去的那种外行的、简单比附式的所谓"海外中国哲学研究"，实在是一个非常重要的进步。

1960 年 6 月，方东美在美国预定的访学日期即将结束。回国前，方东美恰逢小儿子方天觉将在美国明尼苏达州结婚，于是，让长子方天华陪他从宾夕法尼亚州开车西行近一千公里到明尼苏达州参加婚礼。父子二人一路上驱车游览，看着车窗外壮丽的景色，酷爱旅行的方东美高兴得像一个小孩子，一点也不像年过花甲的人。汽车途经俄亥俄州，为了节省时间，方天华将车开上了高速公路。看到那些整齐划一的高速公路，方东美很不以为然，批评说它横山切水，毁坏自然，简直得不偿失。方东美对于工业文明的很多现象都持有谨慎的态度。后来，汽车途经威斯康星州的麦迪逊城，这里正是方东美留美时的母校威斯康星大学的所在地。方东美十分兴奋，要儿子陪他重游了昔日学习过的校园。游罢母校，方东美觉得还不够尽兴，一看时间还很充裕，又要儿子陪他游览附近的魔鬼湖名胜区。近四十年前，方东美曾经游览过这里。父子二人进山后，方东美非要逞能，夸口说他还记得从前走过的一条便捷的山路。于是，他和儿子大胆深入，不断摸索，但最后迷路了。此时天色已近黄昏，他们发现自己被困在一处高地，却找不到下山的出路。不得已，父子二人只得铤而走险，手足并用，从险峻的石壁旁匍匐爬下，才找到出路，脱离困境。事后，方天华埋怨父亲夸海口，方东美却一脸愉快的神情，很过瘾的样子。是啊，还有什么比旧梦重温更让人温馨惬意呢？

赴美一年后，方东美兑现自己的诺言，回到了台湾大学。而且，他真的开始为学生系统地讲中国哲学了。正式开讲前，方东美以沉重的语气勉励学生："此时何时，语默都忘，藏诸名山，遗名后世。要以修道人的心态研究学问。"在接下来的几年时间里，他依次为同学们讲授了中国形上学的演变步骤及其品质、原始儒家、原始道家、魏晋玄学、隋唐大乘佛学等课程。与此同时，方东美仍然在开设西方哲学课程。

1964 年至 1966 年赴美讲学

1964 年秋，应美国国务院邀请，方东美再次赴美访问讲学。

在临行前，还发生过一个小故事：方东美前往台北"美国大使馆"（*此时美国仍与"中华民国"建交，尚未承认中华人民共和国*）领事组办理签证。负责办理签证手续的值班领事忙昏了头，看都没有看方东美的申请材料，便按部就班地递给他一份《时代》杂志，请他朗读其中的某一段——这是在考曾留美多年、用英文演讲写作的方教授呢！方东美那骄傲的脾气又上来了，把《时代》杂志扔回到领事的办公桌上，二话不说，拿起礼帽，挂起手杖，就这样扬长而去。老先生心里本来就对缺乏文化积淀的美国有些瞧不起，现在又岂能受你们这些暴发户的窝囊气！美国国务院这边左等右等，却总不见方东美的身影。于是，赶紧与台湾方面联系，得知"有位老先生，拒考英语，故未签证"。这才知道手下人办了蠢事，将当事人痛骂一顿，说："人家是我们国家请来的贵宾，中国最著名的哲学家，你居然要考人家英语？赶紧备函诚意道歉，替他补办好一切手续……"可见，人必须有实力、有骨气，才会被别人尊敬。而方东美从来都不会在外国人面前丢中国的脸。

1964年秋，方东美到达美国，被密歇根州立大学聘为客座教授。在与美国的学生接触后，他发现西方学生经常对中国哲学感到高深和困惑，所以，决定先从西方哲学讲起，辨析其优劣，然后再讲东方哲学，以使他们更容易了解。方东美为学生开设了柏拉图与苏格拉底、东西比较哲学等研究院专题讨论课程。他开的课让洋人大开眼界：在他讲课时，学校为他配了一名印度助教。为了让这些洋学生见识一下中华博大的文明教化和师道尊严，他规定印度助教要称呼他为"师傅"（印度语的发音为"Guru"），并且规定在他的课堂上不准吸烟、不准喝可口可乐、不准嚼口香糖、不准跷二郎腿、不准交头接耳、不准奇装异服、不准胡乱发言。这"七不准"一下子把那些平日里自由懒散的洋学生给镇住了。他还规定每次上课，先生进教室后，由印度助教喊口令"起立""敬礼"，全班同学必须一同起立、敬礼，等助教喊"坐下"，大家才能坐下。他的课堂是严肃的、威严的，有很多自己定的规矩。俗话说："没有规矩，不成方圆。"尤其是想要亲近中国文化，首先必须体会什么是"中国的心态"。而且，方东美一向服膺《礼记·学记》中的"师严而后道尊"之说。连密歇根州立大学哲学系主任也对研究生说："方教授是个非常有威严的人！"不过，方东美的课堂也不是一味的严厉、拘谨，他还规定每次课讲到一定的段落时，欢迎学生提问讨论，并不限时间。他上课，文字和哲理并茂，文学和哲学交辉，用字古雅，有时甚至深奥难懂，所以，美国学生每逢上他的课，总是格外专注认真，不敢稍有懈怠。一个冬季的雪夜，他给学生上讨论课，师生交流得极为融洽，他讲得兴致盎然，学生也听得津津有味，结果，原本晚上六点至九点的课，居然一直上到午夜。一个学期下来，洋学生们纷纷大呼"过瘾"。后来，连哲学系内和其他系的教授都来旁听。一位讲授科学的教授旁听了方东美的课后，对他在"科学之哲学"方面的深厚学养和高明见解钦佩不已。

不知不觉，一年的聘约到期。学生们纷纷要求学校继续聘请方教授。校方顺应民意，决定延聘方东美再做一年客座教授。在授课的间隙，方东美还先后到全美三十七所著名大学作巡回演讲。他以潇洒的学者气质、优雅的英文和深邃而富有感染力的思想征服了美国民众。他所到之处，不少听众坐飞机、开汽车跟着他跑，都希望再一睹大师的风采，聆听大师的教诲。美国著名哲学教育家、长期担任美国哲学会秘书长的韩路易博士听了方东美的英文演讲后，为之倾倒不已，称许方东美为"哲学界的一代奇才"。

两年期满，方东美要离开密歇根州立大学了。该校校长为他举行特别茶会，并邀请全校教授作陪观礼。席间，校长高度评价了两年来方东美教授的卓越工作，并亲自向他颁赠"最杰出之客座名教授"的荣衔。在方东美结束密歇根州立大学的访学之际，拥有四十余名教授、号称美国哲学界第一大系的纽约州立大学哲学系向方东美发出邀请，希望以两万美元的高薪聘请他讲学。但方东美归意已定，婉言辞绝。此刻的方东美深切地体会到孔子在陈国说"归与！归与！吾党之小子狂简，斐然成章，不知所以裁之"这句话时的心情，他迫切地希望马上回台湾，去教授自家的子弟。

三 场 会 议

20 世纪美国檀香山的夏威夷大学是东西方比较哲学研究的重镇。夏威夷大学也是当时美国高等院校中唯一在哲学系讲授中国哲学并提供中国哲学研究生学位课程的大学。为了推动东西方文化研究与交流，从 1939 年起，夏威夷大学连续主办了多次东西方哲学家会议，邀请世界各国的硕学鸿儒齐聚一堂，交流东西方文化的研究心得。陈荣捷教授参加了 1939 年举办的第一次会议，他还同梅贻宝一起参加了1949 年举办的第二次会议。1959 年的第三次会议则有陈荣捷、胡适、谢幼伟、唐君毅、吴经熊、梅贻宝六人参加。在此次会议上，一向主张"西化"、对中国传统文化持批评态度的胡适提交了题为《中国哲学中的科学精神和方法》的论文。尽管他在论文中对当时西方学界坚持的"中国哲学传统阻碍科学技术发展"这一论断提出反驳，认为中国哲学中也有怀疑精神和求知方法，但最后，他还是说出了"中国文化已逐渐没落"的惊人论断。

接下来的 1964 年、1969 年、1972 年，方东美先后代表中国台湾地区参加两届东西方哲学家会议和一次"阳明五百周年纪念"会议，并以睿智的慧见和无碍的辩才，赢得海内外学者的广泛赞誉。

出席第四届东西方哲学家会议

1964 年 6 月 29 日到 8 月 8 日，第四届东西方哲学家会议在夏威夷大学刚建成不久的东西方中心召开，本届会议的主题是"东西方的世界和个人"，副题为"东西方个体在现实、思想和文化中的地位"。会议的主席由夏威夷大学哲学系主任查尔斯·摩尔担任，共有四十多位来自世界各国的学者与会。代表中国港台地区出席会议的学者人数远远超过了前三次，一共有十二位，分别是：陈荣捷、方东美、唐君毅、谢幼伟、梅贻宝、陈特、吴经熊、成中英、刘述先、彭子游、黄秀玑和范光棣。

据与会学者和媒体的介绍，方东美和他的学生唐君毅在此次会议上的表现尤为突出。整个会议分为六组，方东美参加的是第一周形而上学组的讨论。在会上，他发表了题为《中国形上学中的宇宙与个人》的论文。

在文中，方东美首先声明：他所要讨论的中国形上学，含义迥异于一般所谓的"超自然形上学"。他将西方的形上学界定为"超自然形上学",其特征是人及其所处的宇宙被两种相互排斥的力量剖成两橛,导致了天堂与地狱、灵与肉的对立与冲突。而中国的形上学则被他界定为"超越形上学",其特征是:一方面深植根基于现实界,另一方面又腾冲超拔,趋入崇高理想的胜境而点化现实。这其实就是儒家的"极高明而道中庸",道家的"得处环中,以应无穷",佛教的"担柴运水,无非妙道"。因此,中国的本体论摒弃了单纯的二分法,认为宇宙与生活于其间的个人,雍容洽化,可视为一大完整的立体式的统一结构。接着,他又引英国剑桥大学康佛教授的名言,指出只有集"先知、诗人与圣贤"于一身的人,才可与言中国哲学的奥蕴。但由于个人的性分差异,在三者的组合上难免有所偏向。原始儒家偏向于"圣贤"型,他们以一种"时际人"的身份出现,故特重"时"(如孔子被称作"圣之时者");原始道家偏向于"诗人"型,他们以一种"太空人"的身份出现,故特重"虚"与"无";佛家偏向"先知"型,他们"兼时、空而并遣",故特重"不执"与"无往"。

在一一介绍了原始儒家、原始道家、佛家的三种典型中国形上学形态后,方东美得出结论:以中国哲学家的眼光看,必须立足现实世界,然后超越一切相对的性相差别,才能使

151

本体境界的全体大用得到充分的彰显；故应当将现实世界点化为理想形态，将其纳于至善完美的最高价值统会。

方东美的精彩发言引起了与会学者的浓厚兴趣，但也有一些西方学者对此表示不理解。英国伦敦大学的芬里教授就讽刺地质问方东美："难道中国人就从未遇到过痛苦和灾难？也从未接触过世界上的罪恶？方先生所描绘的中国哲学似乎是一套美梦！请问您有何办法让他人相信这个美梦？"

面对西方学者的质问，方东美不慌不忙，首先幽默地赞赏芬里教授不乏自觉意识能力，而能分别"梦"与"非梦"，又不乏美感判断能力，而能辨别"美"与"丑"。接着，他引述德国诗哲歌德的名言，称古希腊民族天才的伟大之处恰在于他们善于做"人生之美梦"。最后，方东美引用同样来自英国的牛津大学教授道滋的一段经历来说明此问题：一次，道滋教授前往伦敦大英博物馆观赏古希腊巴锡农雕刻艺术，正陶醉其间、无限神往之际，突然被一个英国少年鲁莽地打断，少年问教授："坦白说，我看了这些东西毫无感觉，而您却看得如此专注入迷，请问这些旧东西究竟有什么吸引人的地方？"故事说到这里，方东美反问芬里教授："倘若让阁下与道滋教授易地而处，面对这位英国的无知少年，请问您有何妙法可以说服他，让他相信阁下的美梦？"话音刚落，全场顿时掌声如雷。芬里教授仍继续抗辩："我是一个哲学教授，岂能与无知少年相比？"方东美毫不客气地说："在正式谈论中国哲学的学术场合，您正是无知少年！不但中国古代伟大哲学家会如此看您，即使区区以我方某人的眼光看您，亦复如此！"场内的掌声和笑声同时响起。方东美以渊博学养、无碍辩才和禅宗机锋回击对手，语惊四座，大放异彩，掀起会议的高潮。芬里教授有些恼怒，一边收拾皮包愤愤离场，一边口里喃喃抱怨："斯人也，绝对武断！"

讨论结束后，与会的欧美学者早已纷纷列队，等候在会场门口，争相与方东美握手，连声说："我们钦佩你的反攻！"当时已92岁高龄的日本代表、以介绍佛学与禅宗而享誉欧美的铃木大拙博士也对方东美的精彩发言和回应肃然起敬，亲自派私人秘书冈村小姐拿着他的名片到方东美的会议寓所拜访，称方东美"冠绝一时，允称独步"，并表示致意。

其实这位芬里教授本身也是一位极杰出的哲学家，他在英国研究分析哲学，还出版过一部解释黑格尔哲学的专著，在西方极负盛名。方东美批评芬里教授，并不是怀疑他的哲学素养，而是想告诉他：如果不先具备一种博大宽厚的"中国的心态"，而去妄谈中国哲学、中国智慧，结果只会像那位英国无知少年一样，彷徨于门外而终无所得。会后，夏威夷大学校长听闻此事，对两位学者间的争论颇感不安，于是，借全体学者宴会的机会，特意将方东美和芬里安排在邻座首席，并委婉引介，希望二人化解误会。席间，芬里教授对方东美礼貌地表示，自己在会场上提问确实是出于好奇和无知，绝无恶意。方东美温婉一笑，也对芬里表示致敬，两人化干戈为玉帛。接着，他们还就东西方哲学的许多问题尽情交谈，毫无芥蒂。交谈中，芬里教授愈发对方东美深厚的西方哲学造诣感到敬佩和折服。二十多年后，方东美已仙逝，芬里在美国新奥尔良的哲学讨论会上遇到了方东美的学生刘述先教授。谈到方先生时，芬里教授再次表达了他的由衷钦佩，并且说：正是由于方东美的影响，他自己晚期的思想发生了重大转变，而逐渐成为一位向往道家老子的自然主义者。

在此次会议结束后，记者纷纷采访方东美。一位记者问道："阁下在哲学上持何见解？属何宗派？"方东美的回答颇让人意外："很难说。说了你也不大相信：在家学渊源上，我是个儒家；在资性气质上，我是个道家；在宗教兴趣上，我是个佛家；此外，在治学训练上，我又是个西家。"记者惊诧地反问："这如何可能？"方东美回答："这是一个事实！"这段对话，可以看作是方东美一个极为简短的自传。

第五届东西方哲学家会议

1969 年夏，方东美又应邀赴美国夏威夷出席第五届东西方哲学家会议。同时出席会议的中国港台地区的学者还有王煜、刘述先等。东西方哲学家会议的奠基人之一查尔斯·摩尔教授已于 1967 年辞世。所以，此次会议改由当时夏威夷大学访问教授克普兰主持。参加会议的有来自欧美地区和亚洲地区的一百多位学者，其中还包括了东欧地区的代表；不过，主要还是美国学者，遍及美国的二十一个州。

克普兰教授所确定的本届会议的主题是"人的疏离"。这是一个充满争议的会议主题。东西方哲学家会议的另一位奠基人、中国的陈荣捷教授认为："疏离"这个概念在亚洲传统中根本不存在；亚洲各民族的哲学传统更强调物我为一体，不存在异化的概念；这也迫使中国代表们不得不费尽心思来迁就该主题，因为亚洲思想家更喜欢谈论和谐。为此，陈荣捷并未出席本届会议。

方东美对于会议的主题同样存在疑问。不过，他还是参加了会议——如果中国的代表都不参加，那些洋人岂不更要肆意胡说中国文化？方东美为会议提交的论文是《从宗教、哲学与哲学人性论看"人的疏离"》。他被安排在第一个发言。就在他准备宣读论文之际，会议主席克普兰教授很无礼地插话道："请问方教授能否略去宣读时间，直接进入讨论？因为方教授的论文四十页，大家都已经看过了。"参加过学术会议的人都知道，临场宣读论文的环节非常重要，它不仅能更加清晰简略地阐明论文的主旨，而且往往能够提供许多论文之外的有益信息。而克普兰教授利用主席职权提出这一无礼要求，其实也暴露出西方哲学学者对中国哲学（**乃至亚洲哲学**）所一贯持有的居高临下的傲慢态度。对此，方东美严词反驳道："这是个程序问题，怎能现场提出？临时提出？何况这段时间，既然早已分配给我，如何运用支配，是我的事。不经宣读就进入讨论，不合我本人的风格。现在我把此案交付现场主席保罗·怀斯教授（**怀特海大弟子**）裁决。如果主席同意克普兰教授的意见，本人宣布立刻退席！"本轮讨论的现场主席保罗·怀斯教授立刻宣布："一切支持方教授！"结果弄得堂堂大会主席灰头灰脑，整场讨论都不敢吭一声。

由于克普兰教授在此次会议上的拙劣表现，加之他邀请的与会人员有一些竟是嬉皮士之流，还在会议期间搞了一些示威活动，虽然外表弄得轰轰烈烈，事后却未留下任何痕迹，甚至连会议论文集也不打算出版；结果，不仅与会学者对他很不满意，而且会议的赞助者也大为不满，甚至导致东西方哲学家会议就此停办长达二十年之久。克普兰也被夏威夷大学辞退，后来转到以色列执教。

会议的这些不和谐的声音并没有妨碍方东美的出色表现。他在论文中首先对会议主题进行了检讨："人的疏离"这一概念是西方人的发明，起于两极对立原理所隐含的二分法，这也在西方的各学术研究领域和实际事物中得到验证。与西方的这种"杰作"相比，东方思想家只能瞠乎其后；因为东方人采取机体主义的途径去探究事物，运用统观的直觉，假定了彻底的分析，再超越其限制，以达到对神、人与世界的旁通统贯的理解。所以说，这个会议主题是西方人强加到东方人身上的。

接着，方东美以神性为中心，分别从宗教、哲学、人性论的角度解析了现代人的疏离的根源。他对田立克教授在《文化神学》一书中论及的"人接近神的途径"进行了发展，认为除了田立克所描绘的"人通过克服隔阂而接近神""人通过会遇陌客而接近神"两条途径之外，还应该有第三条也是更重要的途径——"人经由发现自己而发现神"。因为在他看来，神并非一样事物，而是一种创造的能力，一种充满无限爱的精神；人正是神的媒体和镜子，能把神的至美至善展现于人性的美善品格中。

尤为值得一提的是，在此次的会议报告中，方东美第一次提出了独具特色的"人与世界在理想文化中的蓝图"，将人生境界分为物质境界、生命境界、心灵境界、艺术境界、道德境界和宗教境界等逐渐上扬的六大层次；生命精神不断将下层境界点化，从而跻身上一层的境界，最终旁通统会，以成就深微奥妙的、高贵的人，而这，就是"神人"——充分恢复了神性的人。当然，此时方东美尚未对这一蓝图进行充分展开，但其基本体系已初步完成。

"阳明五百周年纪念"会议

1972 年夏，方东美三赴檀香山，出席由夏威夷大学主办的"王阳明诞辰五百周年纪念"会议。这次会议是方东美、牟宗三、唐君毅三位中国重要的哲学家第一次也是唯一的一次同堂出席。唐君毅对方先生执弟子礼，关系自然很融洽；不过，方东美和牟宗三的关系则比较微妙。方、牟二人的学术道路不同，对于很多问题的理解也有分歧，加之二人又都极具性格，因此数十年不相往来。方东美不太喜欢牟宗三，不过，这并不妨碍他对牟宗三的著作给出极高的评价；牟宗三对方东美也颇有微词，但他也接受方东美对西方哲学的一些看法。据说，当年牟宗三读到吴森的《论治哲学的门户和方法》一文，文中将唐君毅、牟宗三、方东美称为"三位学贯中西的哲学大师"，并认为"以他们的才智、功力和在中西哲学的造诣，都足以和世界第一流的哲学学者并驾齐驱"，牟宗三对此结论并未提出异议，他在心里认可方东美是与他和唐君毅并驾齐驱的哲学大师。

1972 年，三位大师首度齐聚檀香山。此时，牟宗三已到"耳顺"之年，方东美更是臻至"从心所欲不逾矩"的阶段。所以，对昔日的芥蒂皆能一笑而过。会议当天，方东美首先进场入座，仪态肃穆庄重，不过较以往多了几分慈祥。几分钟后，唐君毅进入会场，看见方东美后，连忙走过来行礼，口里说道："方先生先到了！"接着，唐君毅向方东美引介道："牟先生也来了。"方东美起身与他们一一握手，同排就座。这也是方、牟二人近三十年来的首度重逢。在会上，方东美对牟宗三的论文提了一点小批评意见，牟宗三客气地回应："对方先生的批评指教，虚心接受，谢谢！"两人就此恢复交谈。

当然，方东美严谨刚毅的性格也并未消退。当他在会场上听到与会的美国学者竟然将王阳明"知行合一"的"行"解释为举手投足的"行为"时，尽管忍住没有当场发作，但在会后对自己的学生说道："这像是开哲学会吗？胡扯！"学生问："老师，谁胡扯？"方东美毫不客气地说："通通胡扯！"他对于美国学术界的中国哲学研究情况之不满可见一斑。

方东美为本次会议提交的论文是《从历史透视看阳明哲

学精义》。全文篇幅不长，约一万二千余字，共分三个部分：一为总论部分"王学综要"，二为专论部分"心学探微"，三为比较及评估部分"历史透视、思想渊源及评估"。在文中，方东美以精准洗练的语言，清晰地勾勒出王阳明心学思想的精义与脉络，特别指出机体主义与王学的关系。文中精彩之见迭出。

会议结束后，方东美专程设宴招待与会的中国学者。为表示尊重，他亲自一一邀请。此时，方东美与牟宗三的心结已解，不愿看到中国港台哲学界不同师承以及老中青三代之间业已存在的分歧、代沟愈演愈烈，希望借此机会化解宿怨，增进彼此了解。宴会当天，除陈荣捷因故婉辞外，其他与会中国学者均到场，包括牟宗三、唐君毅、张钟沅、李芳桂、吴纳荪、成中英、杜维明等。整个宴会气氛融洽，几代人言笑颇欢。这是方东美为弥合现代新儒学各家的分歧所作的一次努力。

第 10 章

灿 烂 晚 霞

1966 年，方东美结束了在美国的讲学，回到台湾。此次美国之行让他感到很欣慰，通过他和其他中国学者的努力，美国青年对中国哲学的心态已经发生了很大的变化，不再对中国文化感到特别陌生和困难。不过，回到台湾后，中国青年的表现却让方东美大吃一惊。

方东美发现当时台湾地区青年人的思想出现了很大的偏差，以为现代化就是西方化、美国化，不仅在政治、经济、商业等方面向西方看齐，连文学、艺术、哲学、宗教也要学美国的，台湾青年从文字到思想习惯，都患有一种内在贫乏症。

方东美对这一现象感到很震惊，而当他翻看了一些台湾出版的中国哲学书籍后，有些明白了其中的原因。用他自己的话讲："一九六六年我回到台湾以后，在中山北路一家书店里，看到一本《中国哲学史》，我真不知道它是怎么写的！谢无量的《中国哲学史》虽然是抄日本宇野哲人的，可是还抄得像样；这一本书却荒谬百出，中国人怎么可能会写出这种书来？"出于中国知识分子神圣的文化使命感，方东美正式下决心放下已经教授了大半辈子的西洋哲学，改而专门教授中国哲学，这也是兑现1959年他赴美讲学前对学生们的承诺。从此，方东美的学术兴趣彻底地转向中国传统文化。

自1966年10月起，在十年时间里，方东美三度系统地讲授中国哲学，从上古哲学、魏晋玄学、隋唐大乘佛学、宋明新儒学依次讲下来，内容涵括中国哲学的全部。在讲授课程的同时，方东美也开始了对中国哲学资源的全面总结。他晚期的研究与教学，为中国哲学留下了弥足珍贵的思想遗产，也为他厚重的一生抹上了灿烂的晚霞。

全面总结中国哲学

在美国讲学的时候，方东美发现其实西方的青年人同样有着对自己文化的迷茫和困惑。一些西方青年也认为"外国月亮比西方圆"，所以总是希望从中国、印度、日本等东方民族的文化中找到解救西方危机的良方。

由此，方东美意识到：要从根本上解决台湾青年妄自菲薄、鄙视本民族文化的幼稚病，就必须对中国自有的精神宝藏进行一番挖掘和整理工作，给他们提供优质而可口的精神食粮。怀着这种强烈的文化使命感，方东美将自己最后十年的学术生命全部投入全面总结中国哲学智慧的浩大工程之中。其成果，就是《原始儒家道家哲学》《华严宗哲学》《中国大乘佛学》《新儒家哲学十八讲》《中国哲学之精神及其发展》等一部部皇皇巨著和一系列重要论文，共计数百万字。

中国哲学的四大传统资源

与现代新儒学的其他思想家不同，方东美不仅不认为思孟以来的心学是儒学的主流，甚至也不赞成仅仅把儒家思想作为中国文化的正统。早期的方东美曾一度将原始儒家、原始道家、原始墨家视作中国文化的主干。通过重新梳理中国哲学思想的发生发展历程，方东美晚年调整了早期的结论，提出中国哲学思想主要有四大传统：原始儒家、原始道家、大乘佛学和宋明理学。相比较于中国哲学史上的其他思想资源，这四大传统具有以下共同特色：第一，它们都遵从"旁通统贯"的原则，有其"一以贯之"之道；第二，它们都不拘执于知识，而特重"转识成智"，追寻智慧的达成；第三，它们都看重人格的超升。方东美认为此四大精神传统共同代表了中华民族的哲学成就。

原始儒家

方东美特别强调要在"儒家"之前加上"原始"这一形容词。他发现许多学者在研究孔孟思想时，往往不从孔孟思想的本身来着想，而是透过宋代以后的新儒家（**这是方东美对宋明理学的界定**）的思想眼光来看，这就难免会有很大的出入。

他系统地考察了儒家思想发展的脉络，认为：两汉固然是政治武功昌明的时期，但就儒学的发展看，却是精神堕落的时期；这一时期产生的几乎都是"杂家"，而没有一位创造性的思想家。三国两晋南北朝时期社会糜烂、思想颓废，儒学的成就更是乏善可陈。唐代的儒家思想依旧相当贫乏，只知道把两汉经生的成就囫囵吞枣下去，然后拿着政府的命令规定注疏。直到宋代以后，儒学才出了一批大学问家、大思想家。不过，宋代儒学的思想内容与两汉相比已经有了很大的出入，与先秦儒家思想相比，差异就更大。宋儒的思想受到道家、佛家思想的很多影响，在很大程度上已经偏离了先秦儒家的精神，所以只能叫作"新儒家"。如此说来，只有以孔、孟、荀为代表的原始儒家思想才能真正体现儒家思想的真精神。

方东美批评了胡适、冯友兰等学者的哲学史观，认为他们实际上受了 19 世纪以来西方实证主义的浅薄历史观的影响，将孔子、老子以前的历史当作不可信的神话。他指出，从甲骨文的记载看，殷代以及之前的夏代都应该是真实的历史。

　　因此，他以更开阔的历史视野将原始儒家的精神历程分为两个时期：第一期是儒家承受一套原始初民的上古思想遗迹，并企图将其纳入理性哲学的时期；第二期是儒家继承了另一套久远的传统，创建一个体大思精的思想体系，从而肯定人性的崇高峻极和天地的大美庄严，并使二者雍容洽化、合德无间，将完美的真理推至于无穷境界。

　　就第一期而言，儒家主要继承了古已有之的《尚书·洪范》篇的精神传统。《洪范》是《尚书》中极重要的一篇，它主要阐释了"五行"和"皇极"这两个观念。"五行"观念的作用主要在为中国后来的科学思想和哲学思想提供一条线索，即殷周时代生活上的物质资料发展到春秋时代已经演化为自然哲学和宇宙论，再在战国时代又发生了一次"堕落性"的转变，由自然思想变作神话思想，与阴阳观念一起组合成一套神秘化的历史哲学模式，一直影响到两汉。与"五行"观念相比，方东美更为看重"皇极"这一观念的价值，这也是方东美哲学的一大贡献。他认为汉儒将"皇极"

解作"大中"固然没有错，但实质上并未将其中的哲学意义真正揭示出来。他发现中外很多民族的古老观念里，都有一个"大中的象征符号"，这一符号具有重要的精神价值，可视作远古人类所信仰的一种根本精神符号，蕴含了原始初民"归根复命""返归永恒"的超越性追求。周代礼乐文明的建立，象征着宗教的衰退和道德的兴起。而"皇极"所代表的"大中"精神也逐渐从宗教性的神秘信仰抽象为宇宙价值上的最高标准，从而成就神圣的人格。这就是从上古社会的宗教衰退中产生的德治主义，以道德理想取代了神权政治。此时，"皇极"已经不仅仅是一个抽象的本体论、价值论的标准，同时也成为人们现实生活中的最高道德标准。

　　就原始儒家精神历程的第二期来看，儒家主要继承了《周易》的精神传统。关于《周易》作者问题，方东美的意见是：在没有确切证据驳倒前，仍应尊重旧说。他接受了"伏羲画八卦、周文王演为六十四卦并作卦爻辞、孔子作《易传》"的看法，认为《易传》是由孔子发动，再由孔门弟子的历代易学专家（如商瞿）完成的。方东美指出，《易经》原是一部颠扑不破的历史文献，本身蕴含着一套层叠相状的历史发展架构格式。此外，《易经》还有一套完整的卦爻符号系统和一套文辞的组合；前者的推演步骤均依照严谨的逻辑法则，后者凭借语法交错连绵的应用而发掘卦爻间彼此意义的衔接贯穿。方东美认为，《易经》的这些特质，使它成为一种"时间论"的序曲或导言，并可以由之引申出一套形上学原理来解释宇宙秩序。原始儒家继承了《易经》的时间性特质，并演成《易传》，从而将《周易》从一部历史书变成哲学书。原始儒家由《周易》这里得来的，是一套以生命为中心的哲学体系和一套以价值为中心的本体论系统。

原始道家

原始道家是中国哲学的又一重要精神资源。同对"儒家"的限定一样，方东美认为也应该在"道家"前面加上"原始"这一形容词。在论及战国以后的道家学说时，方东美明确地指出神仙之学、方术之学、黄老之术、黄生之学和道教，尽管号称与道家有关，但是没有哲学智慧。他认为只有老子、庄子等原始道家，才能代表道家的真正哲学智慧。

在具体阐述老子的思想智慧时，方东美将老子哲学的关键范畴——"道"，划分为"道体""道用""道相""道征"四个层面。在逐一解析这四个层面后，他得出结论：老子的根本哲学，不能够拿寻常的本体论来概括，而应当在本体论上面再有所谓的超本体论。不同于原始儒家从"有"出发来追寻宇宙的终极本体，老子主张要自"有"至"无"，追寻更高、更远、更深的宇宙真相。这实际上超越了儒家哲学的本体论，所以可以称作"超本体论"。"超本体论"体现了道家穿透相对价值，提升生命精神的特点。

不过，方东美对庄子哲学的关注度要更高一些。他认为，庄子的哲学将老子哲学系统中因"无""有"之对立而出现的种种疑难困惑一扫而空。如果说老子哲学追寻的是"玄之又玄""损之又损"的"无"之极境的话，庄子的哲学则既保留了生命精神向上超拔提升的一面，又让这精神在抵达"寥天一"的极境后，回过头来反照人间世。这就是庄子所说的"圣人者，原天地之美而达万物之理"。具体地说，一方面，庄子的精神遗世独立，宛如《逍遥游》中的大鹏鸟，直上云霄九万里，背负青天，"独与天地精神往来"，遍历层层生命境界；另一方面，这超越的生命精神还要回向人间世，"提其神于太虚而俯之"，将层层现实境界一一点化。

中国大乘佛学

方东美还正式将大乘佛学作为中国哲学的根源性资源之一。不过，他眼中的中国大乘佛学，并非纯宗教意义上的佛学，而是亦宗教亦哲学，甚至是极高等的哲学。

华严宗可以作为中国大乘佛学的代表。方东美认为，佛学发展到唐代的华严宗哲学，才标志着真正的机体统一的哲学思想体系成立。华严宗的要义，首先在于融合宇宙间万法一切差别境界，将人间世的一切高尚业力，与三世诸佛的一切功德成就，均汇总而统摄于"一真法界"。华严宗所宣示的"一真法界"，最后将佛与众生的差别化解了，心佛众生都是同样的精神。因此，华严哲学可视为集中国佛学思想发展之大成，华严宗为中国大乘佛学发展的最高峰。方东美十分看重华严哲学圆融互渗的特色。就《华严经》的逻辑结构来看，条贯分明，宇宙万象密接连锁。因此，整个世界的森罗万象绝非如近代西洋哲学所描绘的孤立系统，而是一个有机体的统一。方东美进而指出，华严宗的这种"具足整体"的智慧，可以医治希腊人的心灵分裂症，也可以医治近代西洋心物能所对立的分裂症，甚至可以医治佛学在印度所产生的心灵分裂症。

华严宗以一套圆融互渗的机体主义哲学，将一切万有的差别性、对立性、矛盾性等统会起来，形成一个广大和谐的体系。方东美特别点出华严哲学的圆融精神与中国传统哲学的"生生而和谐"精神的相通之处，认为华严宗体系所成就的理想唯实论，博大精深，极能显扬中国人在哲学上所表现的广大和谐性，所以，他将华严哲学称为"广大和谐的哲学"。

宋明理学

中国哲学的最后一大主潮，是被方东美称为"新儒家"的宋明理学。方东美的这一界定本身就很耐人寻味：一方面，他认定宋明理学是有别于原始儒学的新阶段；另一方面，他承认相对于汉唐而言，宋明时期的儒学发展取得了很高的成就，能够卓然独立。他将宋明新儒家划分为三派，认为它们在形上学方面各有发展：第一派是唯识论形式的新儒学，代表人物是北宋五子和南宋的朱熹；第二派是唯心论形式的新儒学，代表人物是陆象山和王阳明；第三派是自然主义的新儒学，代表人物是王廷相、王夫之、颜元和李塨。这三派其实也代表了宋明理学发展的三个阶段。尽管三派各有侧重，但它们的理论归趣都在原始儒家的孔、孟、荀思想。

方东美肯定了宋明新儒学的哲学成就。他说，宋儒们面对的是汉唐以来儒学式微和五代以降道德沦丧的窘迫状况。但他们并没有气馁，而是继承原始儒家"天人合德""天人合一""天人不二"的观念传统，发挥"备天地，府万物"的精神。在做人方面，他们建立了道德人格，以挽救人伦颓丧的弊端；在学术方面，他们努力恢复学术正统，企求衔接先秦儒学的思想精神，成立所谓"道统之传"。正是在这个意义上，他们所开创的学术思潮可以被称作"新儒家哲学"。方东美将宋儒评价为"大的理想主义者"，他们坚守道德理性，最有知识分子的气节和尊严，表现出立身治学的伟大风范。

不过，方东美对宋明新儒学的理论缺陷也给予了严厉的批判。就学术传统来说，宋明新儒学并未能完全继承原始儒学的真精神，而是受道家、佛家思想影响很深。因此，在一定意义上，宋明新儒学是对原始儒家思想的误解。另外，宋儒们高扬道德理性精神，却将其发展到极端。他们过分执着于偏颇的理性，而对于人类具有的善性的欲望、情绪、情感、情操，都一概抹杀了。因此，宋明新儒学是一种偏颇的哲学，它不能够同文学、诗歌、艺术以及开阔的文化精神结合起来，很容易造成一种萎缩的哲学思想体系。他们将孔子所告诫的"意""必""固""我"这四种毛病占全了，容易导致一种理性的霸权，这就是后来戴震所指责的"以理杀人"。方东美批评最甚的，是宋儒的"道统"观念。宋明诸儒均声称自己获得了孔孟之真传，以真理自诩，指责对方为异端。他们不仅攻击非儒学的思想，而且对儒学内部的其他派别也毫不留情地攻讦。方东美很反感这种"虚妄的道统"观念，认为这种打着"道统"旗号争"正统"的现象体现了宋明新儒学的固陋和狭隘。这表明，宋明儒家在精神境界上已远不如原始儒家那样宽宏博大。

"生生之德"

20世纪以来，西方逻辑实证主义盛行，鼓吹"消解本体"，拒斥形上学。不少学者还没有弄清楚这一观念的来龙去脉，就一窝蜂地跟着鼓噪。方东美不为所动，仍把研究的重心放在形上学。在他看来，要想理解一个民族的精神实质，首先应该了解这个民族哲学的形上学；形上学的途径，也就是哲学的途径。在梳理中国哲学的四大资源后，方东美进一步探寻中国哲学的实质，指出：不同于西洋哲学的"超绝形上学"，中国哲学的智慧是一种"超越形上学"。他还认为，中国哲学的形上学不仅具有"超越"的形态特质，而且兼具"内在"的形态特质。这是他对《中国形上学中的宇宙与个人》一文的重要发挥。他又进一步提出：中国哲学"内在超越形上学"乃是通过生命精神层层提升、上下回向而实现的。所以，超越形上学也可以叫作"生命本体哲学"。对生命精神的关注是方东美哲学自始至终的一大特色。少年时期梦见姐姐在草地上飞翔的离奇梦境，青年时期对柏格森、怀特海哲学的垂青，以及诗人那独有的敏感与直觉，都促使方东美将生命精神作为贯穿于宇宙和人生各种境界之间的一条红线。

方东美引述苏格拉底称颂雅典修辞学家和辩论家伊索克拉底的话："此人之中有哲学！"然后将此句式改变为："中国哲学之中有位人！"并以此作为中国哲学的重要特征。在他看来，中国的哲人不仅是冷静的思想家，而且在他的生命中还有高贵的人性、丰富的情绪和伟大的理性。甚至中国文化本身，就是一种以"生命"为本体的文化。方东美从《周易》思想中提取出"生生"的精神来代表中国文化之普遍生命的本性。在他看来，宇宙正是普遍生命流行的境界，天为大生，万物资始，地为广生，万物咸亨，合此天地生生之大流，遂成宇宙。其中生机盎然，旁通统贯，毫无窒碍。我们人类立足于宇宙中，秉承此普遍生命的"生生之德"，奋进不已，时时创新，与天地广大和谐，与人人同情感应，与物物协调洽合，所以无一处不能顺应此普遍生命，而与之全体同流。方东美还尝试从心理学的角度评价这种"生生之德"的生命本体哲学。他认为弗洛伊德前期以揭示人的理性行为作为特征的心理学属于"浅层心理学"；弗洛伊德后期以揭示人的非理性行为作为特征的心理学属于"深层心理学"；而中国以不断提高生命价值为特征的生命本体哲学则属于"高度心理学"，代表了心理学的新发展和最终出路。

受到柏拉图晚年寻求最高价值统会的启发，方东美在出入东西方最具代表性的文化长达五十多年后，也提出应该将宇宙与人生的价值和境界进行统会。根据自己的理解，方东美在"人与世界在理想文化中的蓝图"中，把宇宙与人生的境界分为六个层次，由下而上依次为：物质境界、生命境界、心灵境界、艺术境界、道德境界和宗教境界。这六大境界不是相互对立、彼此割裂的。生命精神贯穿于这六大境界中，首先成就低一层的境界，然后不停滞，而是将其点化为高一层的境界。如此不断上扬，最终成就了一个旁通统贯、生生不已、峻极于天、上下回向的广大和谐的世界。而人也在这个世界中成就自我，提升为复苏了神性的高贵的人。

《论语》风波

方东美重新总结中国哲学的工作，很快便遇到了一个敏感的问题，那就是："应该如何评价孔子"。孔子是中国古代哲学的标志性人物。方东美对孔子的态度是耐人寻味的：一方面，他承认孔子在中国文化的开创与传播方面发挥过绝大的作用；但另一方面，他并不主张视孔子一人为中国文化的代表。尤其是，他对《论语》一书的价值提出了自己的看法。而这立刻在港台地区引起了一场轩然大波。

离经叛道、反对《论语》

1973 年，方东美在给辅仁大学哲学系的同学讲《周易》时指出：研究儒家孔子的哲学，眼光不能只局限在一部《论语》上，因为《论语》只是孔子及孔门弟子的"言行录"，而并非"思想录"，固然有其价值，但也有其限制性。换言之，《论语》属于"格言学"，是人生经验的结晶，可谓言简意赅，字字珠玑，但不是一部系统完整的哲学著作。同时，方东美建议大家应该多看点别的儒家重要经典，如《尚书》《周易》等。

很显然，与另一位现代新儒学大家牟宗三先生极力推崇《论语》形成鲜明的对比，方东美对《论语》似乎表现出某种轻视和批评。当这次课的讲授内容经学生整理、于1974年元月发表后，很快就遭到了来自各方面的猛烈批评。叶青首先站出来抨击方东美。接着，很多学者从严格的新儒家立场出发，认为方东美对《论语》很不恭敬，应该将方氏逐出新儒家的阵营。牟宗三著文不点名地批评方东美对《论语》的轻视和批评是"很差劲的"，是以"不负责任"的态度来讲儒家。徐复观认为方东美不重视《论语》，不啻毁灭中国文化；他还特别指出：方东美所用的"替代栽赃"的手段尤其鄙劣。钱穆的批评比较含蓄婉转，他在香港中文大学举办讲座时，一开场就幽默地说："今天，我想天下没有谁会反对《论语》吧？若有的话，就是方东美先生了！"

一时间，港台地区的学者甚至民众纷纷将方东美视为"异端"，要"鸣鼓而攻之"。而一些关心他的人，也不禁要为他捏把冷汗。直至多年以后，大陆学术界还对此问题有过讨论。方东美对此的态度，可以用他早期说过的一句话来表示——"中国人聪明，但聪明得可恶；西洋人笨，但笨得可爱"。

方东美的答辩词

面对来自各方的指责，方东美通过一系列的论文和演讲进行了回应。首先，方东美表示自己并非不重视《论语》这一部书。作为孔子及其弟子的"言行录"，《论语》以极精练的语言论述了许多为人处世的道理，对于实际的人生是非常宝贵的。不过，倘若从哲学的视角看，《论语》既没有论及宇宙全体，也不能包括本体万有，也没有对本体万有的最高根源加以阐明；它虽涉及德目论，但是没有普遍的价值论。他还对《论语》文本的产生过程作了历史的考察，指出历史上曾经出现过《鲁论》《齐论》和《古论》三种版本的《论语》；今天人们看到的，其实是经过西汉末年的张禹糅合、错乱了的所谓《张侯论》。汉代的王充就对《论语》的文本表示过怀疑，他著《论衡·问孔》篇，摘录出《论语》中的四五十个句子，指责这些句子语气不足，理由不充分。方东美反问道：试问何以在汉代儒家独尊的时候，王充尚可以在《论衡》中批评《论语》一书，而我们在今天承受了中国整个的思想，又接触了西方的思想，难道我们对于《论语》这一部书，不能够提出问题来质问，并指出《论语》在思想上的长短吗？因此他坚持自己的观点：《论语》尽管充满了丰富的人生智慧，但始终超不出"格言学"的范围，不能代表哲学全体。

其次，方东美指出对《论语》作批判性的解读，并不等于否定孔子乃至否定儒家的价值。先就孔子的思想而言，他反对民国初期疑古学派学者钱玄同所主张的"只有《论语》才是研究孔子思想的唯一可靠材料"的观点，认为包括《易传》在内的其他典籍中也体现着孔子的思想；并且，孔子的一个伟大贡献在于他从周公那里接续了《尚书》《周易》的传统，从而开创了原始儒家。就儒家的思想来说，相比较于《论语》，方东美认为《尚书》《周易》的哲学意义要更为重要。

方东美还对儒学的"道统"观念进行了批评，提倡以健康的"学统"，来取代狭隘的"道统"。与"道统"观念相比，"学统"观念具有三大好处：第一，讲"学统"有助于把握中国学术思想的精神实质；第二，讲"学统"有助于正确了解中国哲学所蕴含的高妙的价值境界；第三，讲"学统"有助于梳理中国学术思想流变的端绪。可见，方东美之所以提倡"学统"，根本意图在于用更加活泼而客观的"学统"观念清除"道统"观念对于发展儒家思想传统的负面影响。

师 之 大 者

传灯微言

1973 年 6 月 8 日，方东美在从教近五十年后，正式从台湾大学退休。

为了向敬爱的老师表达尊敬和感谢，学生们为方东美举办了一个别开生面的烛光惜别晚会。点点烛光将台北耕莘文教院的礼堂照耀得摇曳生辉，上百位由各地赶来的方东美各个时期、各个国家的学生，尽管许多已经是名教授、洋博士，却一个个像小学生一样，静静地坐在椅子上，看着他们的"方老师"再一次走上讲坛。这一天，鬓发苍苍的方东美显得有些激动：就在这一天，他正式放下教鞭了！一瞬间，他的眼前仿佛又浮现出五十年前第一次在武昌高等师范迈向讲坛、初执教鞭的情景，谁会想到，这教鞭一拿就是近五十年啊！五十年中，中国经历了多少的动荡、灾难、痛苦、辛酸与希望！而他自己又经历了多少痛心、悲伤、愤怒、无奈与拼搏！五十年间，他从武汉到南京，从南京到重庆，从重庆回南京，又从南京到台北，不断漂泊，不断寻觅，唯一不变的，就是手中的教鞭和讲台下学生们一双双求知的眼睛！

此刻，站在讲坛上的方东美微微有些失神。不过，他很快恢复过来。看着台下闪烁的烛光和烛光旁同样闪烁的眼睛，方东美清了清嗓子，道出了自己的心声。他的语音仍旧带着淮河平原的浓浓乡音，语调缓慢而低沉，声音略带嘶哑而苍劲，具有一种崇高、庄严、宁谧的悲剧美。

方东美首先借眼前的烛灯为喻，指出：每一盏烛灯都有一个本体，而本体里包藏着一个内在的力量，可以发挥光照一切的作用。现在，大家都点燃了自己面前的烛灯，象征着每一个人都有内在的本体、内在的作用、内在的光明。正如华严宗所说的"一即一切，一切即一"，一盏灯的本体、作用和光明作为"一"，同时就是其他一切灯的"一"，又是每一盏灯的"一"相互贯穿所形成的"一切"；而一切的本体、作用和光明，又都充分地显现在每一盏灯的"一"之中。灯灯相照，彼此辗转增加"一切"的功用，提高了它光明的普遍性、永恒性、悠久性和无穷性；这也象征着我们生命内在的意义是在继续不断地显现光明，从而将周遭世界点化成无穷庄严的世界。

接着，他说道："在中国讲教育是讲'教学相长'的，各位很谦虚，说是从我这个地方取得一点点光明，但是我刚才说，假使要不是诸位自己青年的活力，自己青年创造的精神，我这一支小蜡烛也点不起来；就是点起来，也是微弱的光。你们不晓得，四十九年以来，事实上在'教学相长'的气氛之下，我自己从我的学生那一方面生命力，得着许多，得着许多生命的来源。"的确，五十年来，他之所以在思想上能保持一贯的天真与敏锐，不正是因为他从一代代青年学生那里获得了新鲜的生命力吗？他又说道："继承我的学术生命，不是我亲生的子女，而是几十年来环绕在我周围，延长我这点点滴滴的学术生命，不断地同我发生师生关系的这些人；假使没有这些人，我的生命没有来源。我几十年来获得学生这一方面——灵感也好，精神上面的帮助也好，慰藉也好，这一点在我个人的生命里面，实有无比的价值！"这是一位年高德勋的大师对于学生的期许与鼓励。

说到这里，他的眼睛湿润了。此刻，他眼中的泪光，和台下学生们眼中晶莹的泪光，在摇曳烛光的映衬下，光光相网，交映互辉，汇成一片光的海洋。而他的精神，就在这灯海、光海中传了下去。

不过，方东美并没能真的退休，或者说他是"退而不休"。尽管夫人也希望他能够静下来安享晚年，他自己也希望能有时间"多接触一点个人青年时期以来就喜欢的诗词"，但是，对中国哲学的那份割舍不了的牵挂，使得他在退休仅仅两个月后，又重新拿起了教鞭。1973年9月，应台湾辅仁大学的邀请，方东美担任该校哲学讲座教授。在接下来的三年时间里，他继续给辅仁大学哲学系的学生开设系列中国哲学课程，白天上课，晚上整理书稿，让自己最后的生命在辛苦与充实之中度过，并迸发出璀璨的光芒。

方东美的课堂

正如方东美经常告诉学生的，他不懂普通话（*说起来，他的英语要比国语好多了*），所以，他上课说的是淮河平原的语言，带着浓浓的桐城腔。他上课的衣着打扮颇为正规，从不随意搭配。冬季大多是穿皮领大衣，系着围巾；夏季则大多穿纺绸大褂或夏布大褂。总体上给人的感觉是，这些衣服早已事先搭配好了，只是随着季节的更替而更换罢了。他上课的时候，总是提着一个大皮包。上了讲坛，打开皮包，从里面拿出一大堆书摆在桌上，然后开讲。三个小时讲下来，连水也不喝一口，只是在课间时抽上一支烟。后来有个学生问他："老师，您这个功夫真了不起，只抽烟不喝水，这是什么原因？"方东美的回答很有意思，他说："我在南京的时候，一个朋友出去喝水，就死掉了。"所以，为了对自己负责，他养成了不在外面喝水的习惯。

学生们对方东美课堂的印象可以用两个词形容："严谨"和"天马行空"。饶有趣味的是，这两个词原本是有些不相容的，却被方东美完美地融合在一起。

说到严谨，方东美早期的学术兴趣在西洋哲学，并留学美国三年，受过系统严格的西方学术训练，苦攻过柏格森、怀特海、杜威、罗素、黑格尔等西方近现代哲学家的著作。所以，他开设的逻辑学、西洋哲学史等课程让学生又爱又怕：爱的是每上完一节课，都会感觉自己的逻辑思维能力有所提升；怕的是方先生的课严肃而紧张，逼迫他们一个个必须注意力高度集中，不敢放过一句话、一个词。三节课下来，很多同学都感觉精力耗尽了。而给学生们印象更深刻的，还是方东美在课堂上天马行空的精神遨游。他授课不拘成法，多随思绪之飞扬而作激情发挥，每讲到激动处，目光如炬，双眼如鹰，声声如号角，句句像点兵，人谓之"天马行空"。

　　方东美的学生、现代新儒家的重要代表人物刘述先教授回忆说："东美师的哲学概论给我打开了一个思辨的神奇而丰富的世界，他的演讲有如天马行空，不能尽记，但却把人的精神整个提了起来，深觉学问世界的宫室之富，庙堂之美，简直琳琅满目，美不胜收。"他总结道："东美师最大的贡献是在给人一种精神上的提升与启迪。"

　　方东美的另一位学生、国际中国哲学会创始人之一的成中英教授还清楚地记得自己被方先生引进哲学殿堂时的感受："在大学中，启发我的哲学兴趣并引导我进入哲学堂奥的，是方东美先生。他讲授的'哲学概论'这门课，有如潜艇、飞船，把听者带到海底龙宫、云霄九天，去欣赏各种瑰宝珍藏，并领略银河繁星之美。"受方东美的吸引，成中英从台湾大学外文系毕业后，马上报考了台大哲学研究所。

然而，当时的台湾大学居然有一些粗鄙不堪、毫不懂教育的人在做教育的管理者。方东美那轻灵飘逸的讲课方式对于他们来说，实在是"很不合规矩"；于是，他们以"牛嚼牡丹"的"勇气"批评方东美的授课方式。方东美听后，不禁感叹说道："讲哲学课本来就要说得空灵，而今却有人批评我讲课天马行空。天马行空居然成了罪状！"

学生眼中的"方老师"

在学生的眼中，方东美老师个子虽不高，却是一个非常有威严的人。一方面因为他已经是国际上颇负盛名的中国哲学家，另一方面也因为他总是神情严肃，使人望而生畏。很多学生都不大敢随便向他问问题。学生都知道方东美治学的严格和一丝不苟。让学生感兴趣的是，方老师的严谨不仅仅表现在做学问上，而且也体现在生活中的很多方面。当时的不少学生都戏称方老师有"洁癖"，因为他从不在外面喝水，从不吃市面上做的水果糖，一定要自己做的才吃，甚至连买的皮蛋也要煮熟了才吃。方东美还有一些生活习性让学生至今难忘，例如他喜欢旅游和拍摄，出门一定要带三台照相机，万一照相机出故障还有备用相机，他家里的录音机也有三台，原因同样。

方东美对学生要求很严。他的学生程石泉已经是易学专家了，但回台湾拜会方老师时，仍然笔直立正讲话。程石泉要再版一本与《论语》相关的著作，有心请教方东美老师，但又不敢直接请示，于是托人带去，方东美看完书稿后，点头说："还不错，可以成一家之言。"程石泉听了老师的评价，高兴了很久。在程石泉的眼中："东美先生给人的印象是非常骄傲、自恃，不爱社交。他是一位天马行空式的哲学大师。他的学问知识融贯东西，而且具有一种诗人的激情。"当时，在台湾经常有人抱怨现在的大学师资不行，货色太差。方东美听了此话，莞尔一笑，说道："这一半得怪学生的学资不行啊！"所以，他努力要与当时的"媚俗文化"和崇洋媚外的风气作抗争。

但是，真正接触到方东美的学生，又常常会觉得方老师很亲切可爱。在方东美晚年经常环侍左右的弟子孙智燊对老师的评价是："望之俨然，即之也温。"例如，一次两位学生到老师家拜访，师徒三人一番畅谈，竟然从晚上八点一直谈到凌晨四点！这期间，方东美从不看表，也很少喝水，更没有赶人走，而是不时用桐城家乡话劝道："来，请吃（音

'奇')我的烟!"在方东美担任辅仁大学讲座教授时,追随他三年并协助整理录音的傅佩荣对老师的印象是:老师的生活简朴单纯,很少有应酬。一次,方东美留傅佩荣在家中吃饭,结果摆上桌的只有三菜一汤,傅佩荣没能吃饱,告别之后又赶快去吃了一碗面。还有一次,方东美说要带学生吃"很厉害"的东西,结果端到学生面前的是一份红油抄手。

桃李满天下

作为现代新儒学的重要思想家(尽管对此学界还有不同看法),方东美无疑是最具有开放性的一位。这不仅仅表现为其学术渊源的磅礴多方、思想体系的旁通统贯,同时也集中体现在他对学生的培养上。曾经有学者感叹:台湾有一半以上的中国哲学专家出自方东美门下。

方东美曾经说过:"一个老师最大的失败,是没有教出胜过自己的学生。"他总是尽力为学生创造成才的条件,并对学生的人格予以充分的尊重。学生一旦毕业,他便以朋辈之礼相称相待。当学生到家中求教时,不但是家中女仆,甚至连方夫人高芙初女士都会客气地称呼学生为"某某先生"。

1972年"王阳明诞辰五百周年纪念"会议结束后,方东美宴请与会几代中国哲学学者。宴席上,他的学生孙智燊斗胆当众作了一副对联:"无门为大有品自高"。此对有感而发。当时，现代新儒学的一些大师，如牟宗三、钱穆等，弟子云集，不过门户之见也伴随而生，出现所谓"牟门弟子""钱门弟子"等。方东美对此不以为然，他尊重真实的学统，厌恶虚妄的道统，尤其厌恶褊狭的门户之见。他常说："我的门是开着的！"

作为一位"传道、授业、解惑"的老师，他秉承了孔子"有教无类""因材施教"的原则。他的学生中，陈康教授研究西方哲学极为精深，被誉为亚里士多德研究"世界第一人"；唐君毅、刘述先教授被誉为现代新儒学的重要代表；傅伟勋教授发展"创造性诠释学"；陈鼓应教授以研究道家学说著称，倡导"道家文化主干说"；程石泉教授以易学研究扬名；沈清松教授学贯中西、享誉西方；傅佩荣教授大力推动国学经典教学；释净空成为一代佛教领袖……

方东美主张"学无门户""师无成法"。一次，某位学生向他请示："老师，我未来究竟要怎么办？"方东美的回答很奇怪，他说："你最好去开飞机。"然后又说："做学问，比守寡还难！"他的回答恰如禅宗的机锋棒喝，要将执迷中的弟子随机点化。

从方东美学生的多面向发展中可以看出他学问的深广和气象的博大。弟子们在学术的兴趣和路向上有极大的差异，但对老师方东美的情感却是惊人的一致：他们都热爱并敬重这位将他们引入哲学的玄奥殿堂、给他们人生指引的"方老师"。

罹 患 绝 症

1977年1月18日，78岁的方东美因身体不适住进台北荣民总医院。此番住院，方东美原本打算割治疝气，同时做一次全面体检。然而，两天后拿到的体检结果让方东美和夫人高芙初惊呆了——左右肺部均发现恶性肿瘤，并且已经扩散。医院在紧急会诊后，给出了一个软弱无力的治疗方案：鉴于癌细胞已扩散至肺脏及淋巴，切除与放疗均已无法施行，故建议考虑采用中医治疗。2月22日，方东美决定出院，回家静养。

3月，与癌症病魔苦苦搏斗的方东美泰然自若，仍旧同前来探望的亲友、学生谈论人生哲理。他说："不论还有多少日子的人间生命，是两天、两星期、两个月，还是半年、一年，乃至于两年，我都要清清爽爽、明明白白地走过去。"不过，这并不意味着他要放弃治疗。相反，一切可能有效的治疗方法，他都会努力去尝试，用他的话说："我不是怕死，但是只要能有任何一点治疗的可能希望，我就不能放弃。放弃治病，就是没有尽到做人的本分！"在病痛之余，他写了

《病中示问疾者并谢亲友盛意》一诗，以表达自己的病中感悟和对亲友的感谢："众生未病吾斯病，我病众生病亦痊。病病惟因真不病，重玄妙法洽天然。"

病痛的折磨与死神的威胁，使方东美更加真切地体会到自己研习逾四十载的大乘佛学的真谛，于是决定皈依佛教。3月26日，他亲往土城承天寺参拜广钦和尚，皈依佛门，法号为"传圣"。对于方东美临终前皈依佛教，不少学者有所非议。其实，方东美所皈依的并非是迷信鬼神轮回的单纯意义上的宗教，而是被他视作哲学里面的最高峰、人生最高的享受的哲学化的佛教。这与他一生的学术追求并不矛盾。

4月3日，刚刚办理完父亲丧事、准备扶盲母赴美就医的孙智燊接到老师方东美的电话，匆匆赶到方府。方东美从病榻上强支起身体，对学生说："我患的是绝症，治疗只是尽人之责任罢了。十余年前，我就得过一场大病，几乎死掉，所以，此后这十多年的生命也算是意外多得的吧！"接着，他说自己行年八十，死复何憾，唯有两桩心事未了：一是自己穷尽最后十余年之力完成的《中国哲学之精神及其发展》一书尚未出版，恐怕是看不到了；二是该书是用英文完成的，翻译成中文之事还未确定。因此，方东美郑重地将此事托付给孙智燊。孙智燊没有辜负老师的期望，在方东美去世七年之际，将这部浩博精深的巨著翻译成中文出版，使其流芳华夏。

5月4日，方东美陆陆续续写了十二首诗，其中有诗云："我自空中来，还向空中去。空空何家有，住心亦无处。"

5月6日，病中的方东美再也无法遏制思乡之情，写下《梦登独秀峰》一诗："独尊分与群山峻，八面清风脚底来。为问人间千万士，可曾作意与余偕。"令方东美梦回的独秀峰是方东美家乡安徽境内的独秀峰。自从1924年负气离开家乡，他已经有五十多年没有回去了。如今，病入膏肓的他，也只能在梦中才可以飘荡回祖国大陆、回到自己的故乡。

5月14日，方东美梦见夫人的同学之母陈太夫人去世，并在梦中将挽联作出。醒来后，方东美强忍疼痛，在夫人高芙初搀扶下，来到桌前，用笔录下挽联：

陈老伯母千古

天佑贤母地上成仙

人歌孝女宇内无双

世愚侄方东美拜挽

两日后，95岁高龄的陈太夫人仙逝。

到6月时，方东美已感觉自己时日无多，于是口述遗嘱，将自己多年苦心收集、视若珍宝的上万卷藏书统统捐赠，同时叮嘱家人和弟子，自己死后，"不发讣闻，不发丧，不收礼。没有任何形式的事体","从家里换着衣服，送到火葬场把它烧掉，烧成的灰……（撒）到台湾海峡与金门之间……一切都清清爽爽地结束"。之所以选择金门，是因为金门与祖国大陆距离最近，更因为金门的山脉景观其实是与海峡对面的鼓浪屿连为一体的。退休后的方东美曾经游历金门，看着金门的美景和对岸的大陆，他感慨："你看，没有战事多好！等天下太平，金门应该开办一所大学。到时连我都要申请复（教）役了。"所以，在他的遗嘱里，既有一位伟大哲学家的洒脱与旷达，也有一个赤子对祖国大陆依依不舍的情愫——他要让滔滔海水把他带回到朝思暮想的故乡。

1977年7月13日早上8时40分，一代大哲方东美病逝于台北邮政医院。就在辞世前的一刻，或许是回光返照，亦或许是诗哲之伟大诗魂的最后一次搏动，方东美突然从昏迷中清醒过来，向病榻旁侍奉的长子方天华问道："宇宙间除人世尚有何样世界？"诗人的情怀、哲人的慧悟，当此油尽灯枯之际，仍闪烁着夺目的光辉。话音甫落，与世长辞。

悲讯传出，海内外硕学鸿儒、弟子故旧莫不痛惜不已。唐君毅、程石泉等弟子，以及曾经与他有过学术分歧的钱穆、徐复观、牟宗三等大儒，竞相举幡公祭，哀恸莫挽。

遗体火化后，遵方先生的遗嘱，其骨灰由其长子方天华等携带至金门，撒于金门与大陆之间的海峡中。

1978 年，方东美逝世周年前夕，以他的名字命名的"东美亭"在金门沙美镇落成。亭内有方东美先生浮雕，直对大陆河山。碑铭上写着：

岳岳大武，金海汤汤，沉潜高明，象德斯藏。于皇先生，有受自天，敦厚淳懿，明道通元。孰是纲维，大易厥旨，如海如山，贯穿百氏。讲学中外，五十三年，沿圣垂文，四百万言……

结束语

方东美思想的影响与评价

方东美的一生见证了中国现代思想文化发展的进程，而他本人的思想成果也成为这一发展进程中的重要一部分。几乎所有研究中国现代哲学的通论性著作，尤其是研究新儒学的著作，都不可能绕开"方东美"这个名字。

海内外学术界对方东美的哲学成就给予了高度的评价。

在国外，美国夏威夷大学哲学系主任、东西方哲学家会议主要创办人查尔斯·摩尔教授在聆听了方东美的报告和回应后，感叹道："我今天才知道谁真正是中国最伟大的哲学家！"1975 年度诺贝尔经济学奖得主海耶克教授评价说："方东美教授是当代中国伟大的哲学家之一，可惜他的作品翻译到西方的太少了！"美国哲学会 1967 年度"风云人物"

奖及"终身成就奖"得主韩路易教授称赞方东美是"我们当代一位伟大的学者兼良师。作为一位哲学家，东美先生不愧体现了他自己的人格理想，集诗人、先知、圣贤三重复合的人格于一身"。英国皇家科学院院士戴尔·瑞璧则指出："对方教授浩巨的哲学劳绩，我们大家都应该深深铭感。他帮助我们了解中国哲学的独创性与伟大。其高瞻综概使中国文化的高山峻岭、大河幽谷一一朗现，尽收眼底，得未曾有!"

在国内，早在20世纪30年代，贺麟就在其《当代中国哲学》一书中指出，方东美的哲学"接近唯心论，但不着重理性或心灵诸概念，而特别注重生命的情调"，"他于讨论东西方哲学文化，可以说提供了一个虚怀欣赏的态度"。著名中国哲学专家陈荣捷教授评价道："与捷同辈中国学人之中，影响力之大如方先生者，不多见也。"当代著名思想家杜维明教授推许方东美为"哲学家的风骨"。方东美的弟子对他更是推崇备至，如沈清松教授评价说："现代学人中，真正贯通中西学术的，唯方先生一人。"

目前，中国大陆哲学界逐渐掀起方东美思想研究热，20世纪90年代编辑的现代新儒家论著选集多次收入方东美的著作，并陆续出版了《方东美思想研究》《生命理境与形而上学：方东美哲学的阐释与批评》等研究专著。北京大学、武汉大学、南京大学、清华大学、厦门大学等高校不断有研究生以方东美思想为选题撰写博士、硕士论文。

不过，研究者的一个共同感受是：评价方东美哲学是一件很困难的事情。这一点，可以从蒋国保、余秉颐在《方东美思想研究》一书中所表达的感受清楚地看出："当我们准备对方东美思想作评价时，却突然感到这十分棘手，不知依据何种标准评价。"

这种困难主要表现在以下四个方面，而这恰恰正是理解方东美哲学的四条途径。

第一，方东美思想渊源磅礴多方，错综难辨。他自己就曾说过：在家学渊源上，他是个儒家；在资性气质上，他是个道家；在宗教兴趣上，他是个佛家；在治学训练上，他又是个西家。而实际情况更加复杂：他对于儒家、道家的理解，他对于大乘佛学的梳理，以及他对于西方文化的判定，均不同于以往的学者，而有自己的鲜明特色。仅从他对西方哲学史上一些未曾受过重视的"二三流的哲学家"思想的关注和引用，就可以略见一斑。方东美的学术精神是开放的：一方面，他很骄傲，哪怕是与当世著名哲学大师交流时也能不卑不亢；另一方面，他又很谦虚，即使是对名不见经传的小哲学家，他也会保持尊重与关注。正因为如此，方东美的思想渊源不像很多其他思想家那样主线分明，而是多头并进、旁通统贯的。本应混乱的思想资源，在他的思想体系中却能融贯为一体。方东美的学术宗旨是：要将中国的儒、释、道传统，以及更广泛的中国、印度、古希腊、近代欧洲的文化资源梳理统会，融化为一种"广大和谐"的生命的学问。

第二，具有诗人气质的方东美，往往用诗意的语言，天马行空地表达自己的人生慧悟与形上哲思。他很少采用正面论述的方式，很少直接下结论和判断，而是运用形象生动、含义深刻的事例和精微曼妙、典雅隽永、空灵飘逸的诗意语言，引导人们在思想的艺术天地中探胜寻芳，深造自得。在这一点上，方东美深得庄子语言的精髓，可谓是庄周的"知音人"。

第三，方东美的学术立场与现代新儒学诸大家颇为不同。一方面，方东美始终坚守中国文化的本位立场，视中国民族哲学为生命，主张应该首先具备"中国的心态"，才可能进入"中国心灵"，窥见中国哲学智慧的宫室堂奥之美。但另一方面，他又不赞同以儒家为正统的看法，主张原始儒家、原始道家、大乘佛学和宋明理学并举；对于原始儒家，他也反对过分抬高《论语》，而更看重《尚书》和《周易》的精神价值。

第四，尽管方东美一再表示希望研究"纯学术"，对政治保持敬而远之的态度，但实际上，从青年时期参加五四运动、抬棺游行，到晚年的黑格尔论文风波，他始终未能脱离政治的影响。他与毛泽东颇有交往，而蒋介石更是视他为师。他既不讲三民主义，也反对马克思主义。

总之，方东美是一个充满矛盾的大思想家。而这，与他一贯主张的"广大和谐"哲学之间，恰好形成一个耐人寻味的吊诡。

附录

年　谱

1899年　农历二月初九，生于安徽桐城枞阳县义津镇双兴村大李庄。

1901年　父母双亡，由其两位兄长抚养。

1902年　始读《诗经》，后进入新式小学学习。

1913年　进入桐城中学学习，各门功课俱优。

1917年　中学毕业，考入南京金陵大学，进入预科第一部学习。

1918年　正式进入金陵大学文科哲学系学习。

1919年　五四运动爆发，参与并组织了南京的五四运动。11月初正式加入少年中国学会，成为少中会南京分会发起人之一。在少中会所办杂志《少年中国》上发表《博格森生之哲学》《唯实主义的生之哲学》等论文。

1920年　任少中会南京分会创办刊物《少年世界》总编辑。在《少年中国》上发表《詹姆士的宗教哲学》一文，在《少年世界》上发表《美国群学会的年会》《国际间两大学术团体》二文及《一九一九年之俄罗斯》《罗素眼中苏维埃的俄罗斯——一九二〇年》等两篇译文。代表中国哲学会南京分会向美国实用主义哲学家杜威博士致欢迎词。以"方东英"的笔名在中华书局出版译著《实验主义》。

1921年　参加少中会在南京召开的第一届年会。搭乘"中国号"邮轮赴美留学，在威斯康星大学读哲学研究生。

1922年　以论文《柏格森生命哲学之评述》获硕士学位。为研究黑格尔哲学转学至俄亥俄州立大学。

1923年　回威斯康星大学修博士学位课程。

1924年　以论文《英美新实在论之比较研究》通过博士学位考试。回国，掀起与原配妻子盛氏的离婚风波。任国立武昌高等师范（现武汉大学前身）副教授，主授西方哲学。

1925年　在上海左舜生的寓所目睹少年中国学会分裂。任东南大学哲学教授。

1927年　离开东南大学，转任中央政务学校哲学教授，兼任金陵大学哲学教授。完成《科学哲学与人生》一书前五章。与谷正纲、段书贻等教授抬棺游行，李烈钧被迫下台。

1928年　与高芙初女士结婚。

1929年　离开中央政务学校，回中央大学（原东南大学）任哲学教授。

1931年　在中央大学《文艺丛刊》第一卷第一期发表论文《生命情调与美感》。

1936年　《科学哲学与人生》一书由上海商务印书馆印行。参加中国哲学会南京分会成立大会，在会上发表论文《生命悲剧之二重奏》。

1937年　应国民政府教育部之邀，在南京中央广播电台分八次为全国青年演讲中国人生哲学，后辑为《中国人生哲学概要》一书。出席南京中国哲学会第三届年会，在会上发表《哲学三慧》一文。列席庐山军事会议，发表演讲，力陈民族精神与文化命脉的重要性，呼吁奋起抗战。举家迁往重庆，幼女夭折于途中；博士论文原稿及藏书毁于日军战火。随中央大学迁居四川重庆沙坪坝，将居所命名为"坚白精舍"。

1938年　兼任中央大学哲学研究所所长；开始研究《周易》。

1940年　撰成《易之逻辑问题》一文，后收入《易学讨论集》，由长沙和香港商务印书馆印行。

1944年　接受印度学者拉达克里希南博士的善意挑战。

1945年　抗战胜利，方东美携全家返回南京；开始研究《庄子》和《周易》，并对《史记》和《汉书》产生了兴趣。

1947年　前往台湾作巡回演讲，以安抚"二二八"事件受伤的心灵。

1948年　正式迁居台湾，任台湾大学哲学教授、哲学系主任。

1952年　用英文写了《中国人的人生观》一书，1956年由台北联经出版事业公司出版。

1959年　应美国南达科州州立大学之聘，担任该校哲学访问教授。

1960年　应聘为美国密苏里大学客座哲学教授。回到台湾，为学生讲授中国哲学课程。

1964年　出席由美国夏威夷大学主办的第四届东西方哲学家会议，在会上宣读论文《中国形上学中的宇宙与个人》，并精彩回应英国芬里教授的质问。被美国密歇根州立大学聘为客座教授，主讲柏拉图与苏格拉底、东西比较哲学等研究院专题讨论课程。

1965年　被美国密歇根州立大学延聘续任客座教授一年。授课间隙，先后到全美三十七所著名大学作巡回演讲，引起轰动。

1966年　客座教授期满，被密歇根州立大学校长赠以"最杰出的客座教授"衔。回到台湾大学，在台大哲学系讲授上古哲学、魏晋玄学、隋唐大乘佛学、宋明新儒学等课程。

1969年　参加夏威夷大学主办的第五届东西方哲学家会议，在会上宣读论文《从宗教、哲学与哲学人性论看"人的疏离"》。

1972年　参加夏威夷大学主办的"王阳明诞辰五百周年纪念"会议，在会上宣读论文《从历史透视看阳明哲学精义》。

1973年　从台湾大学退休。应台湾辅仁大学之邀，担任该校哲学讲座教授，讲授中国哲学。

1976年　完成英文论著《中国哲学之精神及其发展》一书。

1977年　住进台北荣民总医院，经全面体检，发现罹患癌症。7月13日8时40分，病逝于台北邮政医院。遗体火化后，骨灰撒于台湾海峡与金门之间海域。

主 要 著 作

（一）专著、演讲集

1.《实验主义》（译著），中华书局，1920年。

2.《科学哲学与人生》，商务印书馆，1937年。

3.《中国人生哲学概要》，商务印书馆，1937年。

4.《中国人的人生观》(英文版)，台北联经出版事业公司，1956年。

5.《哲学三慧》，台北三民书局，1971年。

6.《方东美先生演讲集》，台北黎明文化事业公司，1978年。

7.《坚白精舍诗集》，台北黎明文化事业公司，1978年。

8.《生生之德》，台北黎明文化事业公司，1979年。

9.《中国人的人生观》(中文版)，台北幼狮文化事业公司，1980年。

10.《中国哲学之精神及其发展》(上、下，英文版)，台北联经出版事业公司，1981年。

11.《华严宗哲学》(上、下)，台北黎明文化事业公司，1981年。

12.《原始儒家道家哲学》，台北黎明文化事业公司，1983年。

13.《新儒家哲学十八讲》，台北黎明文化事业公司，1983年。

14.《中国大乘佛学》，台北黎明文化事业公司，1984年。

15.《中国哲学之精神及其发展》(上，中文版)，台北成均出版社，1984年。

（二）论文

1.《生命情调与美感》，载南京中央大学《文艺丛刊》1931年第1卷第1期，后被收入文集《哲学三慧》《生生之德》。

2.《哲学三慧》，载1938年6月重庆版《时事新闻》副刊《学灯》；此后，先后被收入文集《哲学三慧》《生生之德》。

3.《易之逻辑问题》，载《易学讨论集》（商务印书馆，1941年）；此后，先后被收入文集《哲学三慧》《生生之德》。

4.《黑格尔哲学之当前难题与历史背景》，载《黑格尔哲学论文集》（台湾中华文化事业委员会，1956年），后被收入文集《生生之德》。

5.《中国形上学之宇宙与个人》原英文本载《东西哲学季刊》（夏威夷大学出版）第14卷第2期，中译本载《哲学与文化》1974年第18期，后被收入文集《生生之德》。

6.《从宗教、哲学与哲学人性论看"人的疏离"》收入文集《生生之德》。

参 考 书 目

1.蒋国保、余秉颐：《方东美思想研究》，天津人民出版社，2004年。

2.李安泽：《生命理境与形而上学：方东美哲学的阐释与批评》，中国社会科学出版社，2007年。

3.蒋国保、周亚洲编：《生命理想与文化类型——方东美新儒学论著辑要》，中国广播电视出版社，1993年。

4.黄克剑、钟小霖编：《方东美集》，群言出版社，1993年。

5.黄克剑：《百年新儒林：当代新儒学八大家论略》，中国青年出版社，2000年。

6.侯敏：《有根的诗学：现代新儒家文化诗学研究》，上海人民出版社，2003年。